クチコミ数【日本最大級】の転職・就職サイトに集まった

1300万件の

クチコミでわかった

超優良企業

大澤陽樹

オープンワーク株式会社代表

東洋経済新報社

はじめに

「就職・転職」も「投資」も「経営」も「1300万件のクチコミ」を聞けば間違えない

はじめまして。就職・転職サービスOpenWork（２０１９年にVorkersから名称変更）の開発・運営をしている、オープンワーク株式会社を経営する大澤陽樹と申します。

OpenWorkは２００７年にスタートし、現在にいたるまで社員クチコミを集め、就職・転職に役立つ情報を公開してきました。今では6万社、１３００万件を超える社員クチコミを公開しています。東証プライム市場でいえば95％の企業をカバーしています。

クチコミ数で言われてもピンとこないと思うので、もう少し身近な話に置き換えてみましょう。

OpenWorkでは、質問項目ごとに1ページあたり25件のクチコミが表示されます。たとえば「退職検討理由」を1ページ読んだだけで、「なぜ辞めようと思ったのですか?」という質問を25人の社員にしたようなものです。

企業の社員25人に会うのはとても大変ですが、OpenWorkなら、ものの数分ですんでしまいます。中には１０００人以上の社員・元社員が回答している企業もあります。

一般的に就職・転職をする際には、数名の面接官や社員、就職・転職エージェントの方とお話しして終わりだと思います。多くても数十人ではないでしょうか。

投資においても同様です。ある会社の株を買う際に、実際に働いている社員の「生の声」を聞くことは少ないでしょう。でも、OpenWork のデータを使えば、多くの社員に、その企業の実態を聞くことができるのです。

同じことは、経営においても言えます。自社の制度や働き方を改革する際、他社の本当の実態を参考にすることは簡単ではありません。ですがOpenWork上には、実際にその制度の下で働いている社員の「生の声」があふれているのです。

つまりOpenWorkのデータを活用できれば、普通に就職・転職や投資、経営をするより、数千倍・数万倍もの味方が増えた状態で活動できることになります。

結果として、OpenWorkは５００万人を超える方がユーザーとして登録してくださり、就活生にいたっては２人に１人が活用するサービスへと成長しました。これらのことから、１３００万件のクチコミがどれだけすごい量で、役に立つ情報なのか、なんとなくわかっていただけるのではないでしょうか。

本書ではこの膨大なデータを集計し、さまざまな角度から「社員がおすすめする会社」を紹介していきます。

本書をおすすめする読者3タイプ

本書は、主に次の3タイプの読者をイメージしながら、「すぐに、楽に、役に立つ」をテーマに書き上げました。

①失敗のない就職・転職をしたい皆さま（10代・20代の方だけでなく、30代・40代・50代の方向けのコンテンツも用意しました）
②企業価値・業績がこれから上がりそうな会社を探す個人投資家・機関投資家の皆さま
③今より良い会社・組織をつくりたい経営者・人事部の皆さま

文中でも紹介しますが、OpenWorkの社員クチコミは将来の「企業の業績」や「株価」と関係があることが、大学や研究者によって明らかにされています。手前味噌ではありますが、信憑性が高いデータソースといえます。

そのため、転職・就職はもちろん、投資や経営にも参考になる内容になったと自負しています。

本書の構成

本書は、大きく「ランキングとその解説」「コラム」の2つで構成されています。

「ランキングとその解説」は6つのPARTに分かれています。特にPART2とPART3は、実際に業績や株価とも相関がある項目を使ったランキングとなっています。

PART1：1300万件のクチコミからわかる　超優良企業60社
PART2：社風でわかる　超優良企業80社
PART3：年代別のクチコミでわかる　超優良企業80社
PART4：職種別のクチコミでわかる　超優良企業60社
PART5：ワーク・ライフ・バランスから探す　超優良企業55社
PART6：企業形態別に探す　超優良企業55社

コラムに関しては、本書のデータを読み解くにあたってのヒントや、理解を深めていただく内容を掲載しています。

「ランキングとその解説」を眺めていただくだけでも気づきがあると思いますが、データの読み解き方を覚えていただくと、本書がなくとも常に自分なりのランキングをつくれるようになりますので、コラムもお読みいただくことをおすすめします。

「実際に働いている社員の声」を味方に就職・転職、投資、経営を

さて、本論に入る前に1点、注意事項をお伝えさせてください。

社員クチコミは、あくまで1人の主観情報にすぎません。もちろん、1人ひとりの主観情報も複数集まれば、企業は立体的に見えてきます。それでも読者の皆さまがどう感じるかは、また別問題です。企業を立体的に見るための1つの参考情報として、社員クチコミや本書を活用いただけますと幸いです。

最後になりますが、本書は私だけではなく、OpenWorkの運営に携わってきた100人を超える関係者と、社員クチコミを寄せてくださった数多の働く人たちの想いが込められた書籍といえます。実際にその会社で働いている・働いていた人の声を味方にして、より良いキャリアや投資、経営に活かしてください。

1人ひとりの働く人の声（Voice of Workers）が多くの人々に届き、より透明性の高い（Open）仕事（Work）や投資先選び、会社づくりに役立つことを祈念して。

2022年12月

オープンワーク株式会社代表　大澤陽樹

目次

本書で紹介する「社員の声」は、OpenWorkユーザーによって投稿されたものです。OpenWorkでは情報の信頼性を高めるべく努力を続けておりますが、その真実性を保証するものではありません。就職・転職、投資、経営に関する最終決定は、必ずご自身の判断で行ってください。

なお、クチコミにはその意図を損なわない範囲で編集を加えている場合があります。

PART 1

1300万件のクチコミから わかる 超優良企業60社

The very best companies
found by
analysing 13,000,000 reviews.

CHAPTER 1

これが社員の「生の声」だ！

Good!

待遇、風土、成長、ワーク・ライフ・バランス……
多くの点において満足しかない。
他社から引き抜きの誘いも多くあるが
あまりに今の環境が良すぎて
結果として今の職場に留まり続けている

「総合評価」が高い超優良企業40社
――中の人が評価する「8つの評価項目」

Bad!

世の中は大きく変わっているにもかかわらず
変化を嫌い、旧態依然としている。
風通しは悪く、経営陣に声は届かず、
危機感のないのんびりした風土となっており、
運動神経が悪い会社と感じる

CHAPTER 1 POINT

結局、「働きがい」のある会社が強くなる

本ランキングは、OpenWorkにおける「総合評価」を集計したランキングだ。匿名の社員・元社員による自らの職場環境に関する8つの評価項目点（「待遇面の満足度」「社員の士気」「風通しの良さ」「社員の相互尊重」「20代成長環境」「人材の長期育成」「法令順守意識」「人事評価の適正感」）をもとに、独自のアルゴリズムによって算出している。

社員・元社員による会社評価をもとに算出したOpenWorkのデータは、企業の公開情報だけでは知ることのできない、働く環境の実情を明らかにしている。

働きがいのある企業は「労働市場・資本市場」の両市場から選ばれる

ときどき「そもそも、働きがいのある企業になる必要がどこにあるのか？」という質問をいただく。おそらく、「売上や利益をあげていれば、従業員のことなど考えなくてもいいではないか？」という批判が込められた質問だろう。

この質問に対する答えはシンプルだ。「そのほうがお得だから」。それが働きがいのある企業づ

〇 Good!企業にありがちなコメント

Consumer is Bossという考え方が強く社内に根づいており、消費者に関する調査やその理解を非常に重視している。ポジティブでアスリート志向な人たちが多く、切磋琢磨するには申し分ない環境（P&Gジャパン合同会社、マーケティング、在籍5年未満）

「やってみなはれ」の文化が根づいており、愛社精神にあふれている。やる気があれば挑戦させてもらえる風土がある（サントリーホールディングス株式会社、マーケティング、在籍10年以上）

くりをすすめる理由である。では、どのような観点でお得なのだろうか。企業経営において大切にしなければならない「2つの市場」において有利になるからだ。

1つ目の市場は「労働市場」だ。企業は、優秀な求職者から選ばれ続ける努力をする必要がある。日本においては2030年に労働人口が644万人不足する（※1）といわれており、人材獲得競争は激化していくことが予想される。また、終身雇用制の限界を表明し、早期退職制度が活性化するなど、人材の流動化も進むだろう。そうなると優秀人材の採用だけでなく、優秀人材のリテンションも課題となる。就活生の2人に1人が会社の実態を知るためにOpenWorkを活用して就職活動をしていることからもわかるように、働きがいのある企業づくりをしなければ、労働市場へ適応できていないとみなされてしまうのである。

2つ目の市場は「資本市場」だ。企業は売上や利益を創出し、企業価値の向上に努め、投資家から選ばれ続ける必要がある。ここでは詳細は割愛するが、企業の「働きがい」は業績や株価と強い相関があることが研究で証明されている（※2）。また、そういった研究データを参考に、海外の名だたるヘッジファンドが、働きがいのある企業への投資を始めていたりする。働きがいのある企業づくりをしなければ資本市場への適応もできていないとみなされてしまうのである。

（※1）パーソル総合研究所・中央大学経済学部教授 阿部正浩「労働市場の未来推計 2030」2018年2月21日

（※2）西家宏典・長尾智晴「従業員口コミを用いた働きがいと働きやすさの企業業績との関係」『ジャフィー・ジャーナル』19巻、一般社団法人 日本金融・証券計量・工学学会、2021年

×
Bad!企業にありがちなコメント

職人が立ち上げた企業なので、真面目、実直な風土があります。会社内のシステムもスマートとは言い難く、「一歩及ばず」なシステムが多い印象（メーカー、営業、在籍5年未満）

残業時間が多すぎて、ワーク・ライフ・バランスどころではないと感じました。現場はトラブルなどが多く、社員も少ないため疲弊していく一方でした。過酷な現場なのでもちろん社員もすぐに辞めてしまい、人材が育たない状況になってしまっています（人材業界、常駐、在籍5年未満）

注目企業の概要

第1位 グーグル合同会社

1998年設立。世界最大シェアの検索エンジンである「Google」を基本として多岐にわたるサービス展開を行っているIT企業の日本法人。「風通し」「ダイバーシティ」「広告」といったキーワードが多く投稿されている。

PICK UP クチコミ
非常に風通しが良く人事考課も公平で、待遇も非常に良いです。社員の人柄も素晴らしく悪い部分が見つかりません（中途、エンジニア、在籍5年未満）

第2位 中外製薬株式会社

1943年設立。抗体医薬品売上国内シェアやがん領域国内シェアが1位の大手医薬品会社で、東証プライム市場上場企業。「創薬」「ワーク・ライフ・バランス」「パイプライン」といったキーワードが多く投稿されている。

PICK UP クチコミ
年齢、性別に関係なく活躍できる風土がある。コンプライアンスに対する意識は非常に高く、経営トップからのメッセージも定期的に発信される（新卒、製造管理、在籍10年以上）

第3位 株式会社リクルート

求人広告、人材派遣、住宅紹介、学習アプリなどさまざまな事業を展開する企業で、持株会社である株式会社リクルートホールディングスは東証プライム市場上場企業。「成長」「若手」「どうしたいの？」といったキーワードが多く投稿されている。

PICK UP クチコミ
さすがと言わざるを得ない環境。しっかりした研修制度があり、ビジネスマナーから、トップセールスの営業方法まですべてを学べます。これらを通して、とても成長できたと感謝しています（中途、営業、在籍5年未満）

「総合評価」が高い企業トップ40（1〜20位）

順位	企業名	業界	上場市場	総合評価
1	グーグル合同会社	インターネット		4.78
2	中外製薬株式会社	医薬品、医療機器	東証プライム	4.62
3	株式会社リクルート	情報サービス、リサーチ	東証プライム（★）	4.61
4	株式会社セールスフォース・ジャパン （旧：株式会社セールスフォース・ドットコム）	SIer、ソフト開発、 システム運用		4.60
5	プルデンシャル生命保険株式会社	生命保険、損害保険		4.59
6	アビームコンサルティング株式会社	コンサルティング、 シンクタンク		4.50
7	P&Gジャパン合同会社 （旧：プロクター・アンド・ギャンブル・ジャパン株式会社）	日用品、化粧品		4.47
8	ソニーグループ株式会社 （旧：ソニー株式会社）	総合電機、家電、 AV機器	東証プライム	4.47
9	日本マイクロソフト株式会社	SIer、ソフト開発、 システム運用		4.44
10	デロイト トーマツ コンサルティング合同会社	コンサルティング、 シンクタンク		4.44
11	シスコシステムズ合同会社	コンピュータ、通信機器、 OA機器関連		4.43
12	三井物産株式会社	総合商社	東証プライム 市場など上場	4.42
13	株式会社野村総合研究所	コンサルティング、 シンクタンク	東証プライム	4.41
14	アクセンチュア株式会社	コンサルティング、 シンクタンク		4.41
15	株式会社電通	広告代理店、PR、SP、 デザイン	東証プライム（★）	4.35
16	伊藤忠商事株式会社	総合商社	東証プライム	4.33
17	株式会社クイック	人材サービス	東証プライム	4.31
18	PwCコンサルティング合同会社	コンサルティング、 シンクタンク		4.28
19	サントリーホールディングス株式会社	食品、飲料		4.27
20	Sky株式会社	SIer、ソフト開発、 システム運用		4.26

※ランキングの評価点・クチコミ件数などは集計時点の数値となるため、「OpenWork」各企業ページで掲載している数値と異なる場合があります。

※2020年7月1日〜2021年12月31日に「OpenWork」に投稿された回答時に現職または1年以内に退職した社員によるレポート回答を対象データ（※※）として集計しています。

※※複数のグループ会社が該当している場合、ホールディングス・親会社・中核子会社を対象としています。

※★は持株会社である親会社が上場しており、該当企業が中核子会社であることを指します。

注目企業の概要

第21位　旭化成株式会社

1922年創業。総合化学メーカー。化学製品や住宅事業、繊維、電子部品、医薬、医療機器事業も展開。東証プライム市場上場。「さん付け」「事業部」「風通し」といったキーワードが多く投稿されている。

PICK UP クチコミ

社内の風通しは非常に良い。相談事などは非常にしやすく、社員１人ひとりの意見を尊重してくれるため、人間関係的な面では働きやすい会社だと思う（新卒、研究開発、在籍５年未満）

第22位　日本アイ・ビー・エム株式会社（IBM）

世界有数のIT企業のIBMグループの日本法人。グローバルITソリューションカンパニーとして、企業向けITコンサルティングやシステム導入・運用などを行う。「プロジェクト」「個人」「研修」といったキーワードが多く投稿されている。

PICK UP クチコミ

企業文化はフラットで、メンバーが強く主張しても受け入れてくれる雰囲気がある。主体的にキャリアを広げるような方にとっては非常に良い環境だと感じる（新卒、コンサルタント、在籍５～10年）

第23位　シンプレクス株式会社

1997年創業。システム開発を行うIT企業。金融機関に特化したシステム開発を担い、コンサルティングから開発・運用までサポート。持株会社であるシンプレクス・ホールディングス株式会社は東証プライム市場上場。「成長」「クライアント」「裁量」といったキーワードが多く投稿されている。

PICK UP クチコミ

若手のうちから裁量のある仕事を任せてもらえるので、成長スピードは速い。会社は成長を続けており、ポストも次々生まれるので、次々新しいチャレンジをする環境は整っている（新卒、コンサルタント、在籍５～10年）

「総合評価」が高い企業トップ40（21～40位）

順位	企業名	業界	上場市場	総合評価
21	旭化成株式会社	化学、石油、ガラス、セラミック	東証プライム	4.24
22	日本アイ・ビー・エム株式会社（IBM）	SIer、ソフト開発、システム運用		4.23
23	シンプレクス株式会社	SIer、ソフト開発、システム運用	東証プライム（★）	4.22
24	株式会社博報堂	広告代理店、PR、SP、デザイン	東証プライム（★）	4.21
25	株式会社ベルパーク	小売（百貨店・専門・CVS・量販店）	東証スタンダード	4.21
26	株式会社ベイカレント・コンサルティング	コンサルティング、シンクタンク	東証プライム	4.20
27	株式会社ジーユー	ファッション、アパレル、繊維		4.19
28	株式会社マクニカ	半導体、電子、精密機器	東証プライム（★）	4.19
29	株式会社キーエンス	半導体、電子、精密機器	東証プライム	4.16
30	トヨタ自動車株式会社	自動車、自動車部品、輸送機器	東証プライム市場など上場	4.14
31	株式会社サイバーエージェント	インターネット	東証プライム	4.14
32	東京海上日動火災保険株式会社	生命保険、損害保険	東証プライム（★）	4.14
33	Apple Japan合同会社	コンピュータ、通信機器、OA機器関連		4.13
34	株式会社ディー・エヌ・エー（DeNA）	インターネット	東証プライム	4.12
35	野村證券株式会社	証券会社、投資ファンド、投資関連	東証プライム市場など上場（★）	4.12
36	スターバックス コーヒー ジャパン株式会社	フードサービス、飲食		4.11
37	株式会社オープンハウス	不動産関連、住宅	東証プライム（★）	4.09
38	鹿島建設株式会社	建築、土木、設備工事	東証プライム市場など上場	4.07
39	日鉄ソリューションズ株式会社	SIer、ソフト開発、システム運用	東証プライム	4.06
40	株式会社ビズリーチ	インターネット	東証グロース（★）	4.06

※ランキングの評価点・クチコミ件数などは集計時点の数値となるため、「OpenWork」各企業ページで掲載している数値と異なる場合があります。

※2020年7月1日～2021年12月31日に「OpenWork」に投稿された回答時に現職または1年以内に退職した社員によるレポート回答を対象データ（※※）として集計しています。

※※複数のグループ会社が該当している場合、ホールディングス・親会社・中核子会社を対象としています。

※★は持株会社である親会社が上場しており、該当企業が中核子会社であることを指します。

「総合評価が高い企業」の特徴

「総合評価」で上位にランクインした企業には、どのような共通項があるかを分析していきたい。

働きがいも働きやすさもMAX! オールラウンド型

1件でもクチコミデータがある企業が約6万社あることを考えると、トップ10に入る企業は上位0・016%になる。

トップ10の企業を見ると、総合評価の算出元となる8項目すべてのスコアが高い「オールラウンド型」であることがわかった。このような企業は非常に珍しく、投稿されているクチコミもあらゆる角度で高評価であることがわかる。

「社員の成長への投資を増やしており、成長のためにさまざまなトレーニング機会を得られる。また、参加する社員自体のレベルも高い人が多く、刺激を受け合いながら成

オールラウンド型企業の評価スコア例

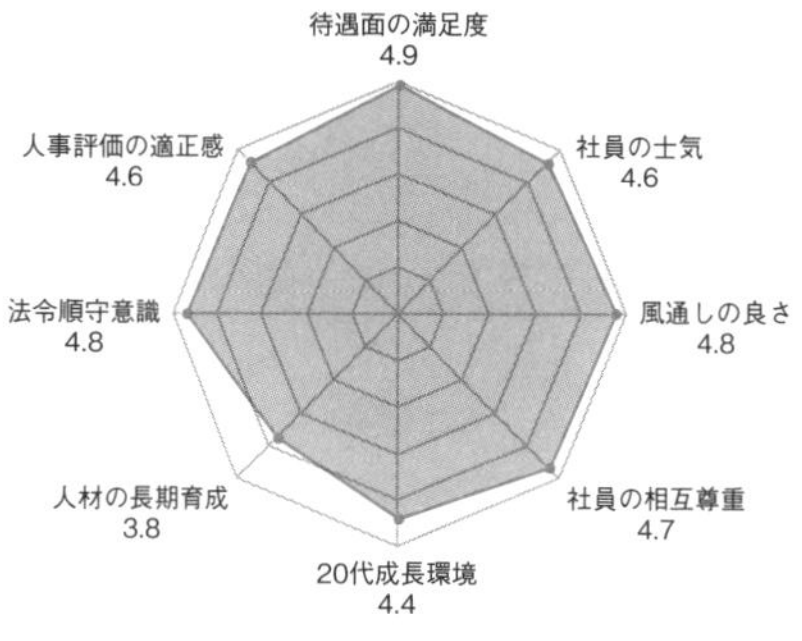

Pick Up! 惜しくもランキングに入らなかった優良企業

特許庁

1885年設立。発明、デザイン、商標などの知的創造の成果を保護・活用し、産業の発達に寄与することを目的とした産業財産権制度を所管している経済産業省の外局。「技術」「専門性」「世界」といったキーワードが多く投稿されている。

長できる」（株式会社セールスフォース・ジャパン、営業、在籍5～10年）

「企業文化は、イメージどおりの自由な文化がある。社員の挑戦や自立を尊重し、型にはまらない創造性を各個人が生き生きと発揮できるように会社が促している」（ソニーグループ株式会社、開発、在籍5年未満）

いくつかの観点で飛び抜けて評価が高いスパイク型

スパイク型企業の評価スコア例

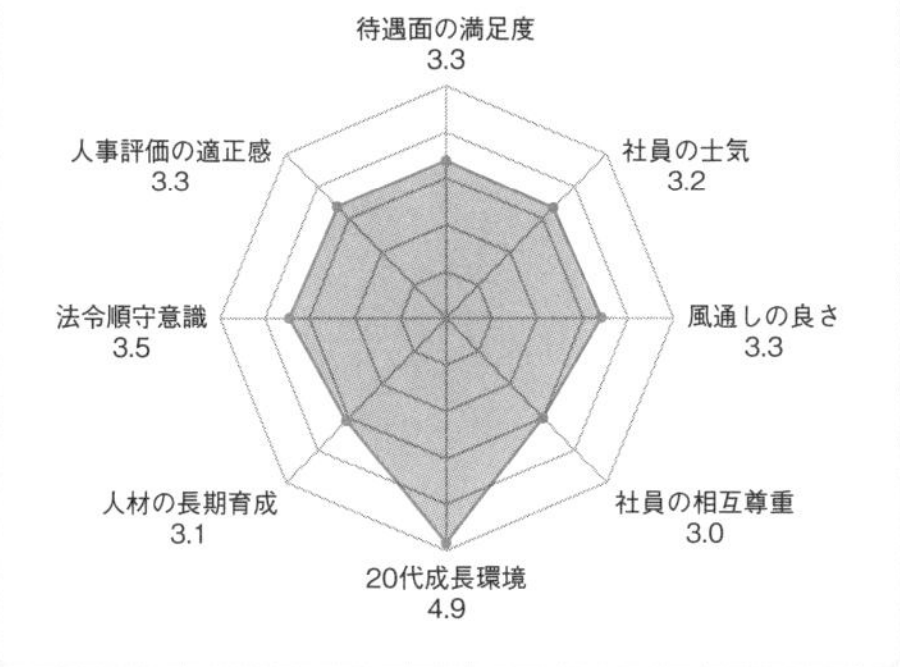

オールラウンド型は非常に珍しいと前述したとおり、トップ40企業の中には、いくつかの観点で飛び抜けて評価が高い「スパイク型」企業のほうが多くランクインしている。経営資源が有限であるため、どこか1つを尖らせて、それを求めている人材を採用するというのは非常に合理的な組織戦略であるといえる。

たとえば、株式会社オープンハウスは「20代成長環境」「社員の士気」「人事評価の適正感」がとても高い。東京海上日動火災保険株式会社は「法令順守意識」「待遇面の満足度」「人材の長期育成」がとても高い。このように、企業の事業戦略に合わせて組織の強みを明確に尖らせている

Pick Up! 惜しくもランキングに入らなかった優良企業

freee株式会社

2012年設立。中小企業をはじめとした法人・個人事業主向けの、事務管理を効率化するためのSaaS型クラウドサービスを開発、運営するIT企業で、東証グロース市場上場企業。「裁量」「カルチャー」「事業」といったキーワードが多く投稿されている。

会社は、評価が高くなっているようだ。

「変化が多く、自分の成長が会社の成長につながっていくと感じやすい。猛烈なスピードで会社が成長しているので、昇進するポストは常に空いている。一般的なサラリーマンで、ここまで経営者に近い視点で仕事に従事できる環境はあまりないと感じる」（株式会社オープンハウス、営業、在籍5〜10年）

「人それぞれであるが、性別、年次や役職関係なく、ワーク・ライフ・バランスはとりやすいと思う。特に、子育て世代や個人的事情がある人たちは上司にも相談の上、配慮してもらいやすく感じる。また、同僚たちもワーク・ライフ・バランスへの理解がしっかりあり、とりやすい風土ではないか、と思う」（東京海上日動火災保険株式会社、事務、在籍5〜10年）

Pick Up! 惜しくもランキングに入らなかった優良企業

株式会社竹中工務店

1909年設立。これまでに東京タワーや日本武道館、5大ドーム球場などを建築してきたスーパーゼネコン5社の1つ。「明るい」「大きい」「施工管理」といったキーワードが多く投稿されている。

「総合評価が低い企業」の特徴

多くの社員・元社員から低く評価されている企業には、どのような特徴があるのだろうか。下位5%に入るスコアの企業で頻出する単語を調べてみたところ、いくつかの種類に分類することができた。

まず1つ目は「古い体質」だ。頻出キーワードとしては「精神論、昭和、書類、電話、アナログ、マニュアル、資料、古臭い、昔ながら、旧態依然」といったものが挙げられる。

続いて2つ目は「ぬるま湯体質」だ。頻出キーワードとしては「のんびり、まったり」といったものが挙げられる。

3つ目は「風通しの悪さ」だ。頻出キーワードとしては「一族経営、同族、オーナー、ワンマン、権力、会長、イエスマン、顔色、機嫌」といったものが挙げられる。もちろん、一族経営、オーナー企業で評価が高い企業も多い。しかし、評価が低い企業に共通するクチコミとしてこれらのキーワードが多いこともまた事実であった。

これらをまとめると「運動神経の悪さ」と言えるのではないだろうか。何をやるにも腰が重く、環境の変化に適応できていない企業が、総合評価を落としている可能性がある。投資や仕事探しの際には、社員クチコミで「運動神経の良し悪し」を確認することをすすめたい。

Pick Up! 惜しくもランキングに入らなかった優良企業

株式会社メルカリ

2013年設立。フリマアプリ「メルカリ」を運営しており、米国にも「Mercari」として展開している。東証プライム市場上場企業。「知名度」「成長」「スピード」といったキーワードが多く投稿されている。

CHAPTER 2

これが社員の「生の声」だ！

Good!

以前に比べ残業時間・有給消化率や待遇面がわかりやすく改善された。
また、コロナ禍でも運動神経よくコミュニケーションや人材育成上の課題を次々と改善してくれ、感謝している

「総合評価の改善度」が高い超優良企業20社

——直近5年で会社がどれだけ「良く」なったか

CHAPTER 2 POINT

「改善しつつある会社」ほど狙い目

CHAPTER1で取り上げた総合評価について、ここでは「直近5年間で大きくスコアを改善させた企業」のランキングを紹介したい。企業の総合評価が、2017年から2022年でどのように変化したかを集計し、改善幅の大きな企業をランキングした。

ただし、改善幅が大きくとも、いまだに総合評価が低い企業もある。そういった企業は「中の人がおすすめする企業」ではないので、2022年時点で一定スコアに達している企業に絞っている。

企業文化、人事制度・報酬体系、育成システムなどを変え、それを定着させて効果が現れるようになるまでには、長い時間を要する。一方で、過去のOpenWorkのデータを見ると、従業員が1万人を超えるような大企業でも3年あれば大きくスコアを改善することができていた。これは中期経営計画などが3年スパンで描かれていることも影響しているかもしれない。そこで本ランキングでは、余裕をもって5年間を対象期間として設定した。

○ Good!企業にありがちなコメント

部署によってかなり雰囲気が異なりますが、基本的には、社員の自発性を非常に尊重する風土があります。特に新卒社員は育てられるというより、入っていきなり新規事業の責任者となったり、会社を立ち上げたりするなどは珍しくありません。会社としても、カーブアウトという会社の制度を使って、ガイアックスの事業だったビジネスを、独立した会社として上場や売却することを推奨している雰囲気があります（株式会社ガイアックス、エンジニア、在籍5年未満）

またこのランキングには、1つ注意しなくてはいけない点がある。それはもともと総合評価が高い企業はランクインしにくいということだ。2017年時点で総合評価が上位1％に入るような企業の多くが、その後も高い総合評価を維持していることが多いが、改善幅としてはどうしても小さくなってしまう。ただ、こういった企業はそもそも素晴らしい企業であるため、本ランキングに入っていないからといって悲観する必要はない。

「今、好調な企業」より「好調になりつつある企業」が狙い目

OpenWorkのデータを活用し日本証券アナリスト協会で賞を取った論文（※1）によると、組織文化の改善度合いと企業の業績や株式パフォーマンスには、正の相関があることが証明されている。つまり、総合評価そのものの高さよりも、総合評価の改善・悪化傾向をチェックしたほうが、その企業の将来の業績や株式パフォーマンスを予測できる可能性があるといえる。

投資家や求職者からすると、どうしても「今、好調な企業」に投資したり、入社したいと考えるのが普通だろう。しかし、研究論文で指摘されている結果に沿えば「好調になりつつある企業」へ投資したり、入社するほうが、得られる果実は大きいのかもしれない。

（※1）西家宏典・津田博史「従業員口コミを用いた企業の組織文化と業績パフォーマンスとの関係」『証券アナリストジャーナル』第56巻第7号、日本証券アナリスト協会、2018年

×
Bad! 企業にありがちなコメント

正直なところ成長はない。今後のキャリアに影響を及ぼすほどの成長は望めない。他の社員のスキルを見ても、自身の成長に影響を及ぼすほどの人はいない（一般消費財、SE、在籍5年未満）

親会社の業績悪化により、新入社員の採用もなく、開発品種が徐々に減少し、バリバリ働きたい気持ちがあるがそれができない会社になりつつある。年々有能な技術者が退職している状況なのに、会社としてのアクションがないことも心配（SIer・ソフト開発・システム運用、技術、在籍10年以上）

注目企業の概要

第1位 株式会社モデュレックス

1973年設立。照明器具の企画、製造、販売からライティングプランの設計までを手掛けるライティングのプロフェッショナル企業。「実力」「育休」「社長」といったキーワードが多く投稿されている。

PICK UP クチコミ

ミッション、製品ブランドとしてのビジョンが明確に定められており、Wayに基づく組織経営・運営がなされている。自治自立した組織体の集まりという体制基盤が年々強固になってきている（中途、事務、在籍10年以上）

第2位 株式会社ゴルフダイジェスト・オンライン（GDO）

2000年設立。ゴルフ情報を発信し、ゴルフ場の予約やゴルフ用品販売を行う日本最大級のゴルフポータルサイト、ゴルフダイジェスト・オンラインを運営する企業。「多角」「ゴルフ」「利益」といったキーワードが多く投稿されている。

PICK UP クチコミ

ホワイト企業アワード最優秀賞受賞に象徴されるように、働きやすさの環境は整えられている。短いコアタイムのフレックス勤務、リモートワーク、有給・産休・時短勤務も取得しやすい（中途、マーケティング、在籍10年以上）

第3位 太陽有限責任監査法人

1971年設立。大手と中小の長所を兼ね備えたミドルサイズファームであり、多様なクライアントを持つ監査法人。「中小」「若手」「規模感」といったキーワードが多く投稿されている。

PICK UP クチコミ

4大監査法人につぐ準大手ということでクライアント数も年々増えており、実績も出ているので、部門や入社年次にとらわれず能動的になれば大手よりたくさんの経験を短期間で積める（新卒、スタッフ、在籍5年未満）

「総合評価の改善度」が高い企業トップ20

順位	企業名	業界	上場市場	改善度	総合評価
1	**株式会社モデュレックス**	半導体、電子、精密機器		1.127	3.85
2	**株式会社ゴルフダイジェスト・オンライン**（GDO）	インターネット	東証プライム	0.888	3.94
3	**太陽有限責任監査法人**	監査法人、税理士法人、法律事務所		0.808	3.87
4	**アルー株式会社**	教育、研修サービス	東証グロース	0.796	3.71
5	**バーチャレクス・コンサルティング株式会社**	コンサルティング、シンクタンク	東証グロース（★）	0.718	3.53
6	**EYストラテジー・アンド・コンサルティング株式会社**（旧：EYアドバイザリー・アンド・コンサルティング株式会社）	コンサルティング、シンクタンク		0.668	3.51
7	**レノボ・ジャパン合同会社**	コンピュータ、通信機器、OA機器関連		0.664	3.61
8	**三菱地所プロパティマネジメント株式会社**	不動産関連、住宅		0.632	3.51
9	**ボッシュ株式会社**	自動車、自動車部品、輸送機器		0.631	3.79
10	**株式会社フィッツコーポレーション**	日用品、化粧品		0.616	3.90
11	**シアトルコンサルティング株式会社**	SIer、ソフト開発、システム運用		0.613	3.65
12	**都築電気株式会社**	SIer、ソフト開発、システム運用	東証プライム	0.608	4.07
13	**ロバート・ウォルターズ・ジャパン株式会社**	人材サービス		0.604	3.95
14	**株式会社オールアバウト**	インターネット	東証スタンダード	0.595	3.70
15	**株式会社朝日広告社**	広告代理店、PR、SP、デザイン		0.594	3.51
16	**伊藤忠エネクス株式会社**	化学、石油、ガラス、セラミック	東証プライム	0.579	3.60
17	**東急不動産株式会社**	不動産関連、住宅	東証プライム（★）	0.576	3.94
18	**サッポロビール株式会社**	食品、飲料	東証プライム市場など上場（★）	0.565	3.56
19	**ガートナー ジャパン株式会社**	SIer、ソフト開発、システム運用		0.563	4.09
20	**株式会社ガイアックス**	インターネット	名証ネクスト	0.562	4.10

※ランキングの評価点・クチコミ件数などは集計時点の数値となるため、「OpenWork」各企業ページで掲載している数値と異なる場合があります。

※集計期間に投稿があった対象データから、一定数以上集まった企業を集計対象としています（集計期間：2007年7月～2022年3月）。

※集計には“最新性”・“回答者数”・“乖離性”などを反映させています。

※★は持株会社である親会社が上場しており、該当企業が中核子会社であることを指します。

「総合評価の改善度が高い企業」の特徴

5年間で総合評価を大きく改善することができた企業には、どのような共通項があるかを分析していきたい。ランクインした各社のスコアの変遷や投稿されたクチコミを見ていくと、ある2つのパターンが浮かび上がってきた。

ハード面改善型

1つ目に多かったパターンが、「残業時間（月間）」や「有給休暇消化率」「待遇面の満足度」など、数字にすることができ、目に見えて改善がわかるハード面の改善に着手した企業であった。もともと業務負荷が大きい職種・業種であった企業が働き方改革に本腰を入れて取り組んだり、人事制度の見直しによる報酬面の改善を進めたことで、総合評価が大きく改善している傾向が見られた。

「（報酬が）競合他社と近い金額になってきている。他のランクの金額は把握していないが全般的に高ぶれしているのではないかと推測される。近年の売り手市場を踏まえて、報酬制度は毎年改訂されている」（EYストラテジー・アンド・コンサルティング株式会社、コンサルタント、

Pick Up! 惜しくもランキングに入らなかった優良企業

チームラボ株式会社

2001年創業。デジタルコンテンツを制作する企業。科学・技術・デザイン・アートといった境界を明確にせず、物作りを進めながら問題解決を支援する。「自由」「フラット」「技術」といったキーワードが多く投稿されている。

在籍5年未満）

「プライベートとのバランスは調整しやすい。無理に土日勤務や残業をするケースは以前と比較するとかなり減った」（アルー株式会社、営業、在籍5年未満）

「近年は働き方改革やリモートワークに積極的に挑戦し、社内システム面を中心に大きく変革しており、個人個人の働きやすい環境づくりに努めている」（三菱地所プロパティマネジメント株式会社、プロパティマネージャー、在籍10年以上）

ソフト面改善型

一方で、「20代成長環境」「社員の相互尊重」「風通しの良さ」といった、数字にすることはできず目に見えないソフト面の改善に着手した企業も、大きく総合評価を改善していた。

コロナ禍においては、コミュニケーション上の課題や、人材育成面の課題にぶつかる企業が多く、これらのスコアを落とす企業も少なくはなかった。そんな中でソフト面を改善できたことは、通常よりも従業員にとってメリットと感じられたのかもしれない。

「トップダウンというより、ボトムアップ。上司、先輩、同僚、同期、後輩がいい感じに機能しておりチームワークは良い。総じて働く意欲が高く人事制度も良いほうに改善されている」

Pick Up! 惜しくもランキングに入らなかった優良企業

トレンドマイクロ株式会社

1988年設立。ウイルス対策ソフトウェア「ウイルスバスター」シリーズのほか、企業向けのセキュリティサービスも提供。東証プライム市場上場。「セキュリティ」「グローバル」「ワーク・ライフ・バランス」といったキーワードが多く投稿されている。

（東急不動産株式会社、事業企画、在籍10年以上）

「研修制度やWEB学習制度が充実しており、必要な知識が必要なときに身につけられる環境が整っている。従業員には平等にキャリアアップの機会があり、しっかりと業績を出しているメンバーは昇給速度も昇進速度も速い。年功序列ではなく、実力や成果に応じてしっかりと評価する仕組みが構築されている」（ボッシュ株式会社、研究開発、在籍10年以上）

「ビジョンマッチを大事にする社風で、入社理由もビジョンに共感している人が多い印象です。全社的に過渡期にあると感じ、そのため組織も頻繁に変更され、メンバーにとっては社内でチャンスをつかんだり新しい経験を積んだりするきっかけにもなっています」（株式会社オールアバウト、総合職、在籍5～10年）

もちろん、前記の企業も含め、全面的に改善している企業も見られたが、経営資源は有限であることを考えると、まずはポイントを絞って改善するほうが現実的かもしれない。

Pick Up! 惜しくもランキングに入らなかった優良企業

ヤンセンファーマ株式会社

1978年設立。ジョンソン・エンド・ジョンソングループの医薬品部門の日本法人。「グローバル」「ワーク・ライフ・バランス」「キャリア」といったキーワードが多く投稿されている。

「総合評価の改善度が低い企業」の特徴

「総合評価」が大きく悪化している企業の特徴はさまざまである。

そんな中、いくつかの企業で見られたのが「働きやすさ（残業時間や有給休暇消化率）」は改善しているが、「20代成長環境」が大きく下落している「ぬるま湯」型であった。

この数年はとくに働き方改革が推し進められ、OpenWorkに投稿されている残業時間も大きく減少傾向にあった。より働きやすくなるのは、労働参加率が高まるという点ではとても良いことだ。

しかし、成長を求める人材にとっては物足りなく感じることもありうる。OpenWorkで実施した調査でも、Z世代は「業界・企業の将来性に不安を感じる」比率が他世代よりも高く、自身の市場価値を高められない環境にストレスを感じやすいのかもしれない。

経営者・人事部は、「働きやすい」だけでなく、「市場価値を高められる」会社をつくる必要があるだろう。求職者から見ると、目に見えやすいハード面だけでなく、風土や成長といったソフト面も事前に確認した上で就職先を探す必要があるだろう。

Pick Up! 惜しくもランキングに入らなかった優良企業

前田建設工業株式会社

1919年創業。土木建築工事全般のコンサルティングや地域・都市・環境保全等のマネジメント及びコンサルティングなどを行うゼネコンの1社。「ゼネコン」「プロジェクト」「創業者」といったキーワードが多く投稿されている。

COLUMN 1

4社の「殿堂入り」企業

多くのランキングにランクインした企業が4社ある。読者の皆さまにはまとめて紹介したほうが便利だと判断し、「殿堂入り企業」としてPART2以降のいくつかのランキングからは除外した。

それが「マッキンゼー・アンド・カンパニージャパン」「ボストン コンサルティング グループ（BCG Japan）」「ベイン・アンド・カンパニー・ジャパン・インコーポレイテッド」「A.T.カーニー株式会社」の4社であり、いずれも「外資系戦略コンサルティングファーム」として新卒学生を中心に就職志望者が多く集まる会社である。以下に、それぞれの企業の概要と、ランキング一覧を紹介したい。

マッキンゼー・アンド・カンパニージャパン

1971年設立。世界44カ国に80以上の支社を持ち、年間1600件以上のコンサルティングプロジェクトを手掛ける大手コンサルティング会社の日本支社。「クライアント」「業界」「一流」といったキーワードが多く投稿されている。

ボストン コンサルティング グループ（BCG Japan）

1966年設立。世界50カ国以上、90以上の支社を持つボストン コンサルティング グループの日本支社。日本でのコンサル業の先駆けとして国内で非常に強いポジションを確立している。「チーム」「優秀」「成長」といったキーワードが多く投稿されている。

ベイン・アンド・カンパニー・ジャパン・インコーポレイテッド

1981年設立。世界40カ国、65の支社を持つ世界的コンサルティングファームの日本支社。幅広い業種の企業・団体における重要経営課題の解決に向けて支援。「カルチャー」「グローバル」「マネージャー」といったキーワードが多く投稿されている。

A.T.カーニー株式会社

1972年設立。世界41カ国、63の支社を持つコンサルティング企業の日本支社。経営層への戦略策定だけでなく現場のアクションプランの策定までを特徴としている。「プロジェクト」「若手」「マネジメント」といったキーワードが多く投稿されている。

殿堂入り企業として除外したランキング一覧

		マッキンゼー・アンド・カンパニージャパン	ボストン コンサルティング グループ（BCG Japan）	ベイン・アンド・カンパニー・ジャパン・インコーポレイテッド	A.T.カーニー株式会社
PART2	社員の士気	●	●	●	●
	人事評価の適正感	●		●	●
	チームワーク	●		●	
PART3	20代の成長環境	●	●	●	●
	30歳→40歳での年収の上がり幅		●		
PART4	事務関連職の総合満足度		●		
PART6	外資系企業の総合満足度	●	●	●	●

各社でランクインしていたランキングは若干異なるが、「社員の士気」「20代の成長環境」「外資系企業の総合満足度」では4社ともランクインしており、従業員・元従業員から多面的に高く評価されていることがわかる。

「外資系戦略コンサルティングファーム」の特徴

外資系戦略コンサルティングファームといえば、高い報酬水準をイメージする方が多いのではないだろうか。各ファームによって異なるが、1000万円を超えている方が多く、パートナーと呼ばれる職位になると数千万円という報酬も見られた。評価基準も世界共通であることが多く、納得感の高さが報告されていた。

しかし、それ以上にコメントで多かった点は、以下に述べる「成長環境」であった。

世界×経営という圧倒的な成長環境

コメントで多く見られたのは、圧倒的な成長環境に関するものだった。クライアントである名だたる企業の経営陣と対峙し、世界中の優秀な同僚とプロジェクトを成功に導くため研鑽する環境は、とても高く評価されていた。

「大きなこと、社会への、クライアントへの中長期的なインパクトと人の成長というのが会社の根幹を成す概念として徹底されており、非常に働きがいのある会社だと言えると思います。世界中、同様の志や信じられないような高い能力を持った同僚と分けへだてなく議論して、成長しあえる環境がどの会社よりも整っていると思います」（マッキンゼー・アンド・カンパニージャパン、コンサルタント、在籍10年以上）

「若手のころからチャレンジングな環境を与えられて、日々成長することができる。日本の大企業に比べると圧倒的に速いスピードで産業やビジネスについて多くのことを経験して学ぶことができる。対峙するクライアントも普通の新入社員であったら考えられないトップマネジメントの経営層になることも多く、より高い視野で学ぶことができる」（ボストン コンサルティング グループ（BCG Japan）、コンサルタント、在籍5年未満）

「外資系戦略コンサルティングファーム」で気をつけるべき点

こちらもイメージどおりかもしれないが、やはりワーク・ライフ・バランスに関しては厳しいコメントが並んだ。ただ、「そもそも求めていない」というコメントが多数であった。

一方でファームによっては、ここ数年で大きく働き方が改善されたというコメントも寄せられていた。担当プロジェクトや職位によって異なるようだが、「コンサルタントであっても18時や19時に帰ることができるプロジェクトも増えてきている」という驚きのコメントもあった。

成長環境を求めている方にとっては余計なお世話なのかもしれないが、外資系戦略コンサルティングファームにも働き方の改善が進んでいるファームがあるようなので、求職者にはぜひ、事前の確認をおすすめしたい。

PART 2

社風でわかる
超優良企業80社

The very best companies
found by
analysing 13,000,000 reviews.

CHAPTER 3

これが社員の「生の声」だ！

Good!

「人」がサービスの品質や業績に
直結するため
人をとても大切にする文化や、やる気を
引き出す仕掛けが用意されている。
上司や同僚も優秀で、士気の高い方が多く
自身の士気も自然に高まっていく

「社員の士気」が高い超優良企業20社

――「業績」にも「働きがい」にも直結する超重要指標

CHAPTER 3 POINT

社員の士気は「業績」にも「働きがい」にも直結する

このランキングでは、OpenWorkに投稿された評価スコアのうち「社員の士気」のスコアに限定し、集計した。社員の士気が高いと評価される企業にはどのような特徴があるのかを紹介したい。

OpenWorkには定性コメント以外に、8つの評価スコアが存在する。「待遇面の満足度」「社員の士気」「風通しの良さ」「社員の相互尊重」「20代成長環境」「人材の長期育成」「法令順守意識」「人事評価の適正感」について、1～5の5段階で評価をつける形式だ。

少し表現は異なるが、日本は「熱意あふれる社員」の割合が世界最低水準という調査結果（※1）も出ている。そのような中で、「社員の士気」が高い会社・職場をつくれていること自体、競争優位の1つと言えるかもしれない。

「社員の士気」は3年後の売上につながる可能性が高い

OpenWorkのクチコミを活用した研究論文によると、OpenWorkの「社員の士気」スコアは

Good!企業にありがちなコメント

働く時間や働く場所は自由に選べる分、自分の役割や仕事への自発的なコミットが高く求められる。仕事が好きな人が多く、ついつい働きすぎてしまう人が多い印象（株式会社ユーザベース、マーケティング、在籍5年未満）

企業の成長性と、成果に対しての評価が明確。同世代の社員、先輩社員を見ても、人材レベルが他の企業より高いと思う（株式会社Enjin、営業、在籍5年未満）

「働きがい」スコアと相関関係があり、「働きがい」スコアは3年後の「売上高変化率」や1年後の「株式パフォーマンス」と相関関係があることが証明されている（※2）。

単純に考えれば、社員の士気が高ければ従業員1人あたりの生産性が高くなる可能性がある。また、厳密には社員の士気とは異なるものだが、やる気や従業員エンゲージメントが高まると、業績が向上することを示唆する研究もある（※3）。将来の企業価値を予測する上で、「社員の士気」は重要な要素の1つではないだろうか。

また、「熱意あふれる社員」の割合が世界最低水準という調査結果には続きがあり、日本では「周囲に不満をまき散らしている無気力な社員」の割合も高いという。「周囲に不満をまき散らしている無気力な社員」がいると、その周囲の人の生産性すら下がる可能性があるため、求職者にとっても「社員の士気」が高い会社を選ぶほうがよいと考えられる。

（※1）Gallup社「State of the global workplace 2021」
（※2）西家宏典・長尾智晴「従業員口コミを用いた働きがいと働きやすさの企業業績との関係」『ジャフィー・ジャーナル』19巻、一般社団法人日本金融・証券計量・工学学会、２０２１年
（※3）慶應義塾大学 大学院経営管理研究科／ビジネス・スクール 岩本研究室・株式会社リンクアンドモチベーション モチベーションエンジニアリング研究所「『エンゲージメントと企業業績』に関する研究結果を公開」２０１８年

「社員の士気」が高い企業トップ20は？

×
Bad!企業にありがちなコメント

一言で言えば、古い。上意下達が悪いわけではないが、肝心の管理職に、まともに他社や取引先と交渉もしたことがないような社歴の長い「井の中の蛙」がごろごろいる（化学、事務、在籍5～10年）
同族企業であり、また大手企業の下請け、孫請けのため、新しくチャレンジするよりも、決められたことを決められたとおりやればよいという保守的な組織であった（SIer・ソフト開発・システム運用、エンジニア、在籍5年未満）

注目企業の概要

第1位 株式会社オープンハウス

1997年創業。住宅の紹介から資金計画の相談、住宅の売却まで展開する不動産企業で、持株会社である株式会社オープンハウスグループは東証プライム市場上場企業。「売上」「成長」「任せてもらえる」といったキーワードが多く投稿されている。

PICK UP クチコミ

やる気があり、結果を出している人間は評価される。出る杭は打たれるということはない。そのため、多くの社員が目の前の結果を出すために日々仕事に取り組んでいる（中途、営業、在籍5年未満）

第5位 アイ・ケイ・ケイ株式会社

1995年創業。挙式・披露宴に関する企画・運営をするサービス業で、持株会社であるアイ・ケイ・ケイホールディングス株式会社は東証プライム市場上場企業。「お客様」「成長」「若手」といったキーワードが多く投稿されている。

PICK UP クチコミ

一生に一度の時間に携われて、出会いに感謝していただける。責任感とプレッシャーは計り知れないが、そのぶんやりがいは日々感じます（新卒、ウェディングプランナー、在籍5年未満）

第6位 株式会社Plan・Do・See

1993年設立。「日本のおもてなしを世界中の人々へ」をミッションにホテル・レストラン・バンケット運営を展開する。「チャレンジ」「成長」「責任」といったキーワードが多く投稿されている。

PICK UP クチコミ

自社の商品を愛して誇りを持って取り扱っており、チームワークが良いため、目標に対するコミット力も強い（新卒、ウェディングプランナー、在籍5〜10年）

「社員の士気」が高い企業トップ20

順位	企業名	業界	上場市場	総合評価
1	**株式会社オープンハウス**	不動産関連、住宅	東証プライム(★)	4.795
2	**株式会社ユーザベース**	インターネット	東証グロース	4.792
3	**株式会社ISSリアライズ** (旧:井上特殊鋼株式会社)	鉄鋼、非鉄金属		4.761
4	**株式会社ステップ**	教育、 研修サービス	東証プライム	4.759
5	**アイ・ケイ・ケイ株式会社**	冠婚葬祭	東証プライム(★)	4.756
6	**株式会社Plan・Do・See**	冠婚葬祭		4.750
7	**株式会社GA technologies**	インターネット	東証グロース	4.719
8	**株式会社Enjin**	広告代理店、PR、 SP、デザイン	東証グロース	4.717
9	**プルデンシャル生命保険株式会社**	生命保険、 損害保険		4.698
10	**株式会社経営共創基盤**	コンサルティング、 シンクタンク		4.693
11	**株式会社フリープラス**	旅行、ホテル、 旅館、レジャー		4.690
12	**ウルシステムズ株式会社**	SIer、ソフト開発、 システム運用	東証スタンダード (★)	4.688
13	**アマゾン ウェブ サービス ジャパン合同会社** (旧:アマゾン ウェブ サービス ジャパン株式会社)	SIer、ソフト開発、 システム運用		4.656
14	**株式会社セールスフォース・ジャパン** (旧:株式会社セールスフォース・ドットコム)	SIer、ソフト開発、 システム運用		4.654
15	**株式会社ノバレーゼ**	冠婚葬祭		4.642
16	**株式会社フィッツコーポレーション**	日用品、化粧品		4.640
17	**株式会社日建設計**	建築、土木、 設備工事		4.634
18	**株式会社サイバーエージェント**	インターネット	東証プライム	4.624
19	**グーグル合同会社**	インターネット		4.605
20	**freee株式会社**	SIer、ソフト開発、 システム運用	東証グロース	4.599

※ランキングの評価点・クチコミ件数などは集計時点の数値となるため、「OpenWork」各企業ページで掲載している数値と異なる場合があります。

※集計期間に投稿があった対象データから、一定数以上集まった企業を集計対象としています(集計期間:2007年7月〜2022年3月)。

※殿堂入り企業(COLUMN1を参照)は集計対象外としています。

※集計には"最新性"・"回答者数"・"乖離性"などを反映させています。

※★は持株会社である親会社が上場しており、該当企業が中核子会社であることを指します。

「社員の士気が高い企業」の特徴

「社員の士気」の観点で高く評価されている企業には、どのような共通項があるかを分析していきたい。ランクインした各社の「社員の士気」に関連するクチコミを見ていくと、いくつかの特徴が浮かんできた。

トップ10を日本企業がほぼ独占、トップ20のうち3社が冠婚葬祭業界

他ランキングでは外資系企業が上位にランクインする中、「社員の士気」ランキングに関しては日本企業がトップ10をほぼ独占する形となった。また特徴的だったのは、トップ20のうち3社が冠婚葬祭業界ということだった。

ランクインした冠婚葬祭業界のクチコミを読み解いていくと「人材レベル・士気がサービスの品質に直結」するため、社員の士気を高める取り組みが多いことがわかった。ほかにも講師が大切となる学習塾や、営業マン1人あたりの売上の差が大きくなりやすい企業など、個々人の士気が企業の業績やサービスに直結する企業のランクインが目立った。

「【I am one of the customers】という文化をスタッフ全員が大切にしている。目の前の方の立

Pick Up! 惜しくもランキングに入らなかった優良企業

聖路加国際病院

1901年設立。キリスト教精神のもとに、特に医師・看護師・その他の職が有機的統合をはかり、協働医療を行うことを目標として運営されている病院。「風通し」「専門性」「手厚い」といったキーワードが多く投稿されている。

場に立ってなんでも物事を考える。ホスピタリティはどこにも負けない日本屈指の高さを誇り、まさに【おもてなし】を体現している会社であると言える」（株式会社Plan・Do・See、サービス、在籍5～10年）

「感動創造カンパニーなので、チームでお客様の幸せのために全力を尽くしたときや結婚式が成功し、感謝のお言葉をいただいたときにやりがいを感じます。入社後、年数が浅くてもたくさんの業務を任せていただけました」（アイ・ケイ・ケイ株式会社、プランナー、在籍5年未満）

「ブライダルという職業としては、直接新郎新婦様の感動を感じられる。会社としては、若いうちから裁量多くたくさんのことを経験できる。任せる文化が強く、社員も20～30代前半が多いため、早い人は新卒で入社して2年目からリーダー的な役割を務められる環境で働けるし、後輩への指導もできる」（株式会社ノバレーゼ、ドレス、在籍5～10年）

社員の士気を高める4P

組織人事コンサルティング事業を手掛ける株式会社リンクアンドモチベーションは、従業員エンゲージメントを高める要素は「4P（Philosophy：理念・戦略、Profession：事業・仕事、People：風土・人、Privilege：制度・待遇）」で整理できるとしている。今回トップ20に入った企業に投稿されたクチコミを見ると、4Pのいずれかに絞って社員の士気を高めているケースが

Pick Up! 惜しくもランキングに入らなかった優良企業

株式会社グロービス

1992年設立。日本で多く選ばれているMBAプログラムであるグロービス経営大学院を主にした個人向け・法人向け・起業家向けのサービスを展開する教育企業。「成長」「自由と自己責任」「育成」といったキーワードが多く投稿されている。

多かった。ここでは、特にPrivilege（制度・待遇）で社員の士気を高めている会社のクチコミを紹介したい。

「新規開拓で獲得した粗利の10％が次のボーナスに加算される」（株式会社ISSリアライズ、営業、在籍5～10年）

「役職とともに基本給が上がる。昇格のチャンスが年に4回あるので、早い人はどんどんキャリアアップしていく。賞与が年に2回あり、これは個人の業績に応じたものになる。半期で500万円近くもらっている人も中にはいる」（株式会社オープンハウス、営業、在籍5年未満）

「完全フルコミッション。やったらやった分だけ自分の給料に跳ね返ってくる」（プルデンシャル生命保険株式会社、営業、在籍5年未満）

他にも株式会社ステップのように、塾講師としての技術力を早く磨ける仕事内容（Profession）が社員の士気につながっているケースもある。上位にランクインしている企業は、どのPをもっとも押し出していくかが明確になっているようであった。

Pick Up! 惜しくもランキングに入らなかった優良企業

株式会社ドリームインキュベータ

2000年創業。“社会を変える 事業を創る。”をコーポレートミッションに、戦略コンサルティングおよびベンチャー企業への投資などを行うビジネスプロデュース企業。東証プライム市場上場。「クライアント」「プロフェッショナル」といったキーワードが多く投稿されている。

「社員の士気が低い企業」の特徴

「社員の士気」の観点で低評価を受けている企業には、一言ではまとめられない、さまざまなクチコミが投稿されていた。

中でも「頑張っても成果があまり変わらない」「頑張っても評価があまり変わらない」といった「モチベーション高く仕事することに意味を感じられない環境下におかれている」ケースが多いように感じた。ただ、どのような仕事であっても工夫や改善の余地はある。士気が低いまま仕事をする社員が増えれば、企業の業績やイノベーション発生確率は低迷するだろう。

投資家の立場からは、業績が良くても社員の士気が低い企業に関しては、長期的な企業価値が下がるリスクはないか検討する必要がありそうだ。

また、経営者・人事部においては、前述した4Pのうち、どのPで組織や人を束ねていくかを明確にしておき、その軸をベースとして採用活動を行うとよいだろう。経営資源は有限であるからこそ、社員の士気向上に向けて投資すべき領域は絞るべきだ。

求職者には、4つのPのうち自身にとってなにがモチベーションの源泉になるかを自己分析した上で、社員クチコミを事前に読み込み、ミスマッチにならないかを確認することを勧めたい。

Pick Up! 惜しくもランキングに入らなかった優良企業

エン・ジャパン株式会社

2000年創業。人材採用・入社後活躍サービスなど人材サービスに関する事業を複数展開する。東証プライム市場上場。「若くして」「クライアント」「評価」といったキーワードが多く投稿されている。

CHAPTER 4

これが社員の「生の声」だ！

Good!

年齢やバックグラウンドに関係なく
成果を出せば出すだけ
評価・報酬に反映され
20代でも2000万円プレーヤーが誕生。
また評価ツールや評価方法も優れており、
納得感の高い評価となっている

「人事評価の適正感」が高い超優良企業20社

——「公平」かつ「十分」な見返りが人材を惹きつける

CHAPTER 4 POINT

人事評価の適正感は「業績」にも「個人の成長」にもつながる

このランキングでは、OpenWorkに投稿された評価スコアのうち「人事評価の適正感」のスコアに限定し、集計した。人事評価の適正感が高いと評価される企業にはどのような特徴があるのかを紹介したい。なお、1年以上在籍した社員・元社員が1～5の5段階で評価をつけたものを集計し、算出している。

OpenWorkに投稿されるクチコミの中には定性のクチコミもあり、人事制度についても投稿が多い。特に「年収・給与」に関するクチコミは、全クチコミの中でもっとも閲覧されている項目であり、注目度が高いことがわかる。

「人事評価の適正感」も3年後の売上につながる可能性が高い

CHAPTER3で、OpenWorkの「社員の士気」スコアは「働きがい」スコアと相関関係があり、「働きがい」スコアは3年後の「売上高変化率」や1年後の「株式パフォーマンス」と相関関係が

Good!企業にありがちなコメント

役職によって月収が上がっていきます。業績に関係なく固定給は支払われ、新卒1年目でも一定額以上は保証されているため安定した収入を得ることができます。営業実績はボーナスに直結し、1年目の冬から100万円以上もらえる人もいるなど、やればやるだけ反映されるシステムです。営業職は基本的には業績で評価されるため、何棟販売したか、どれだけ土地を仕入れたかなどが給与に直結。管理職になると、部下の数字も合わせてチームやグループの達成率も評価基準に（株式会社オープンハウス、営業、在籍5年未満）

あることが証明されていると説明した。

実は同様に、「人事評価の適正感」も「働きがい」スコアと相関関係が強いことがわかっている。そのため、「人事評価の適正感」は3年後の「売上高変化率」や1年後の「株式パフォーマンス」に影響を及ぼしている可能性が大きいといえる。

人事評価および人事制度は、従業員の給与や賞与に影響を与えるだけでなく、経営方針を伝える効果的なメッセージでもあり、従業員の成長を引き出すコミュニケーションの機会でもある。また、適切に評価されないことは従業員の退職につながることもあるため、業績を左右することも考えられる。そのため、投資家や経営者にとっても重要な指標の1つだろう。

もちろん求職者にとっても、頑張りが正しく評価されるかどうかは大切な判断基準だ。特に個人の成長速度を上げたい方にとっては、重要な指標の1つと言えるのではないだろうか。

×
Bad! 企業にありがちなコメント

何年勤めても、ボーナスは入社時から変わらない。雀の涙程度。残業しなければ生きていけない。この給料が不満で辞めていく人も多い（SIer・ソフト開発・システム運用、一般職、在籍5年未満）

歩合制度に致命的な欠点がある。大きな歩合は望めず、現状維持か大幅減給を毎月繰り返すことで、本年度は退職する社員が後を絶たない（不動産、営業、在籍5～10年）

注目企業の概要

第3位 株式会社ヒューマレッジ

1986年創業。「木村塾」を代表とする小・中・高生を対象とした学習塾を運営する。「成果主義」「アンケート」「数値化」といったキーワードが多く投稿されている。

PICK UP クチコミ

基本的には成果主義。結果を出せば給与・賞与に返ってくる。校舎長の平均年収はかなり高いと思われる。授業スキル・満足度と校舎の業績・部署全体への貢献度で評価されている（中途、講師・校舎運営、在籍10年以上）

第9位 F5ネットワークスジャパン合同会社

2000年設立。ロードバランサーやSSL-VPN等のネットワーク・アプライアンス製品を取り扱うIT企業の日本法人。「安定」「インセンティブ」「ESPP」といったキーワードが多く投稿されている。

PICK UP クチコミ

インセンティブは予算100%で満額もらえ、オーバーアチーブも青天井でもらえる。RSU（譲渡制限付き株式報酬）が年に1度もらえるチャンスがあり、もらえるか否かはプロセスがかなり重視される（中途、営業、在籍5年未満）

第10位 Facebook Japan株式会社

2004年設立。FacebookやInstagramなどのSNSの運営を基盤とし、メタバースの実現も目指しているIT企業Metaの日本法人。「福利厚生」「360度」「RSU」といったキーワードが多く投稿されている。

PICK UP クチコミ

自分の所属するチームへの貢献や売上目標達成だけでなく、チームを超えた業務への協力や貢献があるかも重要な評価指標となる（中途、クライアントソリューションマネージャー、在籍5年未満）

「人事評価の適正感」が高い企業トップ20

順位	企業名	業界	上場市場	総合評価
1	プルデンシャル生命保険株式会社	生命保険、損害保険		4.806
2	株式会社プレサンスコーポレーション	不動産関連、住宅	東証スタンダード	4.795
3	株式会社ヒューマレッジ	教育、研修サービス		4.792
4	株式会社Shineプロ	教育、研修サービス		4.760
5	株式会社オープンハウス	不動産関連、住宅	東証プライム（★）	4.759
6	ケンブリッジ・テクノロジー・パートナーズ株式会社	コンサルティング、シンクタンク		4.756
7	株式会社コーポレイト ディレクション	コンサルティング、シンクタンク		4.750
8	プロパティエージェント株式会社	不動産関連、住宅	東証プライム	4.748
9	F5ネットワークスジャパン合同会社	SIer、ソフト開発、システム運用		4.719
10	Facebook Japan株式会社	インターネット		4.717
11	ガートナー ジャパン株式会社	SIer、ソフト開発、システム運用		4.693
12	株式会社エス・ケイ通信	通信、ISP、データセンター		4.690
13	株式会社ドリームインキュベータ	コンサルティング、シンクタンク	東証プライム	4.688
14	ココロカ株式会社	その他メーカー・商社		4.656
15	ジャフコ グループ株式会社（旧：株式会社ジャフコ）	証券会社、投資ファンド、投資関連	東証プライム	4.654
16	RGFタレントソリューションズ株式会社	人材サービス		4.642
17	株式会社ISSリアライズ（旧：井上特殊鋼株式会社）	鉄鋼、非鉄金属		4.559
18	グーグル合同会社	インターネット		4.555
19	株式会社ユーザベース	インターネット	東証グロース	4.545
20	株式会社セールスフォース・ジャパン（旧：株式会社セールスフォース・ドットコム）	SIer、ソフト開発、システム運用		4.543

※ランキングの評価点・クチコミ件数などは集計時点の数値となるため、「OpenWork」各企業ページで掲載している数値と異なる場合があります。

※集計期間に投稿があった対象データから、一定数以上集まった企業を集計対象としています（集計期間：2007年7月～2022年3月）。

※殿堂入り企業（COLUMN 1を参照）は集計対象外としています。

※★は持株会社である親会社が上場しており、該当企業が中核子会社であることを指します。

「人事評価の適正感が高い企業」の特徴

「人事評価の適正感」の観点で高く評価されている企業には、どのような共通項があるかを分析していきたい。とくに「年収・給与」の定性クチコミからは、いくつかの特徴が見えてきた。

公平な評価で若くして成長も得られる逆三角形型企業

株式会社プレサンスコーポレーション、株式会社オープンハウスなどに代表されるのが、「人事評価の適正感」「社員の士気」「20代成長環境」が高いときに出現する、評価スコアの八角形グラフが逆三角形になる企業だ（左の図参照）。この2社は不動産業界であるが、生命保険業界や投資業界でもときどき同じような逆三角形型の企業を見つけることができる。

逆三角形型の企業に投稿されるクチコミを読み解くと、共通点としては「実力主義」「コミッション制（歩合制）」が挙げられる。年齢に関係なく、個人の力量次第で大きく成果を出すことができ、そのまま個人の報酬に還元されるため、士気高く仕事に取り組めているタイプの企業だ。ただし、営業職以外ではグラフの形が大きく異なることが多いため、違う職種で志望する方は、職種別に評価を確認することをおすすめしたい。

Pick Up! 惜しくもランキングに入らなかった優良企業

株式会社ジェイエイシーリクルートメント

1988年設立。管理職・エグゼクティブ・専門職の転職・採用支援や、グローバル・海外関連のポジション支援に強い人材紹介企業。東証プライム市場上場。「インセンティブ」「グレード」「年俸」といったキーワードが多く投稿されている。

「基本給にプラスで売上に対する歩合がある。歩合の割合が大きく、3000万円稼ぐ者もいれば400万円程度の給与の者もいる。売上数字が人事評価に直結する」（株式会社プレサンスコーポレーション、営業、在籍5年未満）

「数字で結果を出した人が上に上がれるシンプルな評価。ただ、数字だけを見るのではなく普段の勤務態度も評価基準にあるため、単に結果を出せば良いという話ではない」（プロパティエージェント株式会社、営業、在籍5年未満）

逆三角形型企業の評価スコア例

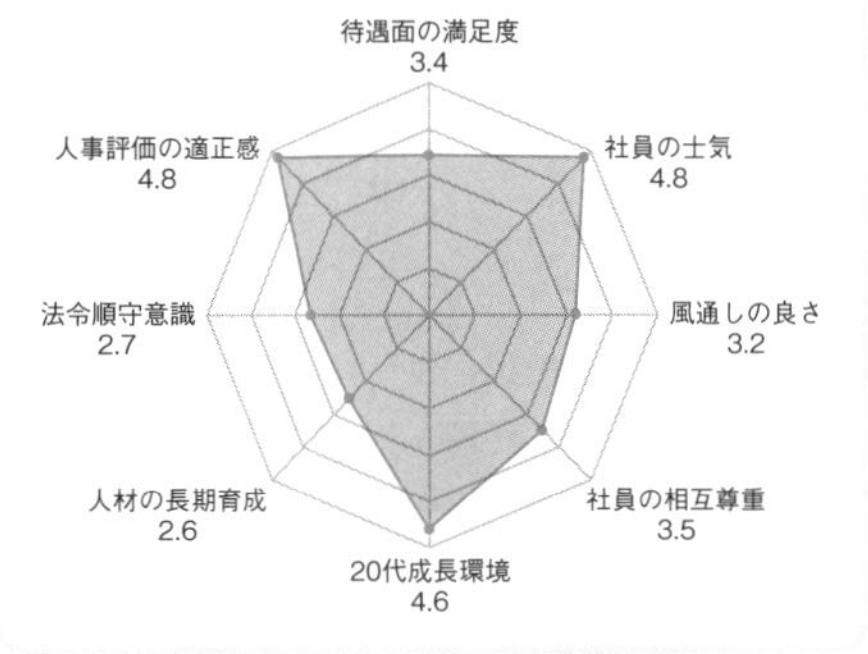

「5年目くらいまでの評価軸は、仕事への取り組みスタンス（社内や投資先からの信頼度）と、投資実績（投資実行の進捗）。主体的に関わった案件のキャピタルゲインを実現すれば、サラリーマンとしては夢のある金額を手にすることができる（賞与とは別途）」（ジャフコ グループ株式会社、シニアアソシエイト、在籍5年未満）

高い報酬も魅力的なおまんじゅう型企業

F5ネットワークスジャパン合同会社、Facebook Japan株式会社、ガートナー ジャパン株式会社などに代表される

Pick Up! 惜しくもランキングに入らなかった優良企業

GMOメディア株式会社

2000年設立。創業以来インターネット上で自社開発・自社運営のサービスを中心に、メディア事業・ソリューション事業を展開している。東証グロース市場上場。「業績」「四半期」「手当」といったキーワードが多く投稿されている。

のが、OpenWork上で「人事評価の適正感」「社員の士気」「待遇面の満足度」が高いときに出現する、評価スコアの八角形グラフがおまんじゅうのような形になる企業だ（左の図参照）。

これら3社のように、外資系IT企業でときどき見られる形である。逆三角形型と似ており「実力主義」「コミッション制」というコメントも多いが、「評価ツールが優秀」「高待遇」というコメントも併せて多いのが特徴である。年収2000万円を超えるような投稿も散見される。

「業界を横断して考えれば非常に高い給与水準。営業職に限っては、四半期ごとのインセンティブの割合は大きい。他方、下振れのリスクは上振れの幅よりも大幅に抑えられており、従業員に優しい会社であると感じる。360度評価が実施されており、ツールは非常に洗練されたものが使用される」（Facebook Japan株式会社、営業、在籍5年未満）

「売上目標を達成してover achieveすると、売上に応じた追加報酬が得られる。年齢に関係なく、成果を出せば年収3000万円以上になる。多様な国の人が働いているので、評価がフェアで透明性がある」（ガートナー ジャパン株式会社、営業、在籍5～10年）

おまんじゅう型企業の評価スコア例

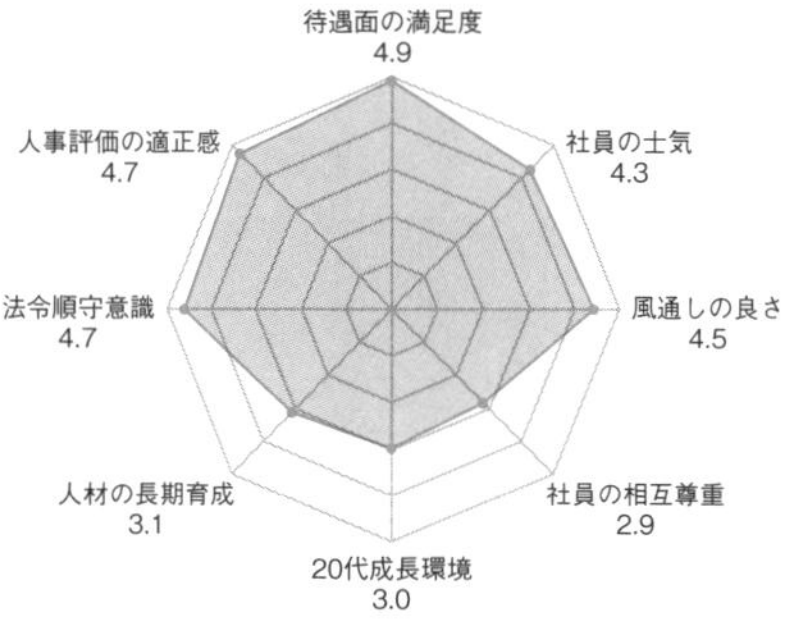

Pick Up! 惜しくもランキングに入らなかった優良企業

大和証券株式会社

日本の総合証券会社大手5社の一角とされる独立系の証券会社で、持株会社である株式会社大和証券グループは東証プライム市場など上場。「業績」「数字」「ボーナス」といったキーワードが多く投稿されている。

「人事評価の適正感が低い企業」の特徴

「人事評価の適正感」の観点で低評価を受けている企業では、「評価基準の曖昧さ」「昇給がないこと」「人事制度の改悪」などのコメントが散見された。

「評価基準の曖昧さ」はとくに多く見られたコメントであった。もともと曖昧さが一切排除された人事評価制度をつくることは極めて難しく、もしつくれたとしても事業成長につながる要素を評価できていないことが多い。そのため「評価基準の曖昧さ」自体はどこの企業にもあることなので、程度の問題なのだと感じる。求職者においては、「評価基準の曖昧さ」がどの程度、不満足感を生み出しているかを事前に確認しておくとよいだろう。

また、上位にランクインした企業のようにフルコミッション制を導入し始めた企業も多かったが、制度設計の不具合により、人事制度が改悪となってしまっているというコメントも散見された。フルコミッション制の導入は簡単なものではないので、導入の際は慎重に、かつ専門家に相談することをおすすめしたい。

投資家の立場からは、営業職1人あたりの売上の変動幅が大きい業界においては「人事評価の適正感」のスコアがどの程度であるかを確認するとよいだろう。

Pick Up! 惜しくもランキングに入らなかった優良企業

ボストン・サイエンティフィック ジャパン株式会社

1987年創立。1979年に米国で設立された医療機器メーカーの日本法人。「業績」「固定給」「インセンティブ」といったキーワードが多く投稿されている。

CHAPTER 5

これが社員の「生の声」だ！

Good!

経営からの発信と現場意見の吸い上げの
両面が活性化しており、
上下関係がフラット。
またリモートワークが中心となったが
組織のＤＸを同時に進めていたため
コミュニケーションは活発で連携が取りやすい

「チームワーク」が良い超優良企業20社

——VUCA時代の競争力を左右する重大指標

Bad!

上層部から一方通行で
情報が降りてくるのみで
経営層への提案は聞き入れてもらえず、
縦割りで部署間の連携が取りにくい。
またリモートワークの弊害で、
支援や会話が減り、若手の退職が止まらない

CHAPTER 5 POINT

「在宅勤務」の普及でチームワークの重要性が増大

このランキングでは、OpenWorkに投稿された社員クチコミのうち「社員の相互尊重」と「風通しの良さ」の合計点を「チームワーク」スコアとして集計した。「チームワークが良い」と評価される企業にはどのような特徴があるのかを紹介したい。

「社員の相互尊重」と「風通しの良さ」に関するスコアは、1年以上在籍した社員・元社員が1〜5の5段階で評価をつけたものを集計し、算出している。そのため、合計点である「チームワーク」スコアは2〜10点でのレンジに分布する。

「チームワーク」は2〜3年後の売上・利益につながる可能性が高い

CHAPTER1・3で紹介した論文によると、OpenWorkの「社員の相互尊重」スコアと「風通しの良さ」スコアはいずれも、「働きがい」スコアと相関関係があり、「働きがい」スコアは2〜3年後の「売上高変化率」や1年後の「株式パフォーマンス」と相関関係があることが証明されている。

○ Good!企業にありがちなコメント

基本的に人をサポートすることが好きで、協力的でコミュニケーション能力が高く、良い人が多い。休日にも遊んだりなどスタッフ同士の仲も良い場合が多い。（株式会社GABA、マネージャー、在籍5〜10年）

人を大事にする文化で風通しが良く、上司ともフランクに会話ができる。コミュニケーションをうまく取れているかは評価の項目の1つであり、パフォーマンスさえ上げていれば評価が上がるということはない（株式会社クイック、Webマーケター、在籍5〜10年）

そのため、「チームワーク」スコアは、2〜3年後の「売上高変化率」や1年後の「株式パフォーマンス」に影響を及ぼしている可能性が大きいと言える。

リモートワークが普及し、1人ひとりは働きやすくなった。OpenWorkでもそうだが、転職・就職サービスでは「リモート可能求人」が増加しており、リモート可能な求人だけを検索できる機能を実装するサービスも増えている。

一方で、オフィスで当たり前のように発生していた偶発的なコミュニケーション機会は失われ、チームワークに悩む若手社員や管理職・経営者の方が多いという話も聞く。

また、ジョブ型雇用システムが少しずつ日本においても広まっている中、分業化はより進んでいく可能性がある。分業化が進み、部署間での連携がこれまで以上に大切になると、「チームワーク」は経営上、さらに重要なテーマになるかもしれない。

×
Bad!企業にありがちなコメント

若手がどんなに意見を主張しても幹部は社長の顔色をうかがうことが多く、活き活きと働いている社員は少なかった。総じて創業オーナーのトップダウンの意思決定が、若手のやる気を削ぐ企業文化を生み出している（SIer・ソフト開発・システム運用、営業、在籍5年未満）

良くも悪くも大企業の雰囲気。いろいろな制度は整っている。ただその半面、上長には気軽に相談できる雰囲気ではなかった（ゲーム関連・玩具、エンジニア、在籍5〜10年）

注目企業の概要

第1位　サイボウズ株式会社

1997年設立。グループウェアの開発、販売、運用のほか、チームワーク開発メソッドについても同様に行うIT企業。東証プライム市場上場。「チームワーク」「オープン」「ワーク・ライフ・バランス」といったキーワードが多く投稿されている。

PICK UP クチコミ

経営会議の議事録なども社員に公開されており、一社員であっても会社の経営方針について意見をすることができる。また社内の情報共有を促進するための組織もある（中途、マーケティング、在籍5年未満）

第9位　株式会社ウィルゲート

2006年設立。「デジタル化を推進し、誰がやるべき業務か再定義して経営を最適化」をモットーにコンテンツマーケティング事業やセールステック事業、M&A事業を展開する。「人間性」「利他」「いい人」といったキーワードが多く投稿されている。

PICK UP クチコミ

風通しがとてつもなく良い。規模的な理由もあるが、経営層が現場まで降りてきてくれて、同じ目線で話をしてくれる（新卒、マーケティング、在籍5年未満）

第10位　株式会社エイチーム

2000年設立。ライフスタイルサポート事業・エンターテインメント事業・EC事業の3つを展開するIT企業。東証プライム市場上場。「エイチームピープル」「チーム」「風通しが良い」といったキーワードが多く投稿されている。

PICK UP クチコミ

健全に事業を成長させていこう、みんなで頑張ろうというマインドが定着しており、素晴らしいと思います（新卒、デザイナー、在籍5～10年）

「チームワーク」が良い企業トップ20

順位	企業名	業界	上場市場	総合評価
1	**サイボウズ株式会社**	SIer、ソフト開発、システム運用	東証プライム	9.683
2	**グーグル合同会社**	インターネット		9.540
3	**freee株式会社**	SIer、ソフト開発、システム運用	東証グロース	9.447
4	**株式会社揚羽**	広告代理店、PR、SP、デザイン		9.424
5	**株式会社リクルートマネジメントソリューションズ**	教育、研修サービス		9.418
6	**株式会社Plan・Do・See**	冠婚葬祭		9.403
7	**株式会社ユーザベース**	インターネット	東証グロース	9.379
8	**キャセイパシフィック航空会社**	航空、鉄道、運輸、倉庫		9.302
9	**株式会社ウィルゲート**	インターネット		9.241
10	**株式会社エイチーム**	インターネット	東証プライム	9.238
11	**株式会社クイック**	人材サービス	東証プライム	9.219
12	**日本アイ・ビー・エム システムズ・エンジニアリング株式会社**	SIer、ソフト開発、システム運用		9.191
13	**株式会社GABA**	教育、研修サービス		9.178
14	**株式会社フィッツコーポレーション**	日用品、化粧品		9.098
15	**エクスペディアホールディングス株式会社**	旅行、ホテル、旅館、レジャー		9.087
16	**株式会社経営共創基盤**	コンサルティング、シンクタンク		9.068
17	**アイ・ケイ・ケイ株式会社**	冠婚葬祭	東証プライム(★)	9.067
18	**株式会社博展**	広告代理店、PR、SP、デザイン	東証グロース	9.067
19	**株式会社ジェイック**	人材サービス	東証グロース	9.063
20	**株式会社セプテーニ**	インターネット	東証スタンダード(★)	9.046

※ランキングの評価点・クチコミ件数などは集計時点の数値となるため、「OpenWork」各企業ページで掲載している数値と異なる場合があります。

※集計期間に投稿があった対象データから、一定数以上集まった企業を集計対象としています（集計期間：2007年7月～2022年3月）。

※殿堂入り企業（COLUMN 1を参照）は集計対象外としています。

※★は持株会社である親会社が上場しており、該当企業が中核子会社であることを指します。

「チームワークが良い企業」の特徴

「チームワーク」の観点で高く評価されている企業には、どのような共通項があるかを分析していきたい。ランクインした各社の「チームワーク」に関連するクチコミをみていくと、ある2つの共通項が浮かび上がってきた。

組織のＤＸ推進により失われなかったチームワーク

コロナ禍の影響でリアルでのコミュニケーション機会が減り、チームワークを醸成するのに苦労している会社が多い中で、リモートワークにうまく適応し、チームワークを維持した企業が上位にランクインしやすいようだった。

事業のＤＸだけではなく、組織のＤＸを推し進めたことがポイントだ。

「在宅勤務や時間をずらして働く、好きな場所で働くなどとても自由です。どの会議室にもリモートで接続できるのと、オンラインに情報を集約する文化のため、在宅による情報格差はほぼないと言えます」（サイボウズ株式会社、エンジニア、在籍5〜10年）

Pick Up! 惜しくもランキングに入らなかった優良企業

トレンダーズ株式会社

2000年設立。インターネットメディアを通じたマーケティングPR事業やメディア事業を実施してブランド開発などを行う。東証グロース市場上場。「和気あいあい」「若い」「売上」といったキーワードが多く投稿されている。

「特にオープンコミュニケーションが特徴的。たとえば社内Slackは基本オープンになっていて基本は個人のDMをしない文化になっている。そのため情報を取ろうと思えばいつでも取れる状態になっている。経営陣の、情報をできるかぎりオープンにするという意思を感じる」（株式会社ユーザベース、セールス、在籍5年未満）

「社員の多くが事業理念に共感しているため、よく働く。リモートワーク状態でもコミュニケーションを活発にしようとする姿勢もある」（freee株式会社、マーケティング、在籍5～10年）

上下関係がフラットな組織

「チームワーク」スコアの高い企業は、「上下関係がフラットである」というクチコミが多く見られた。もちろん、事業・組織が拡大する上で、意思決定スピードを落とさず実行力を高めるためには、上下関係をはっきりさせることが効果的である。ただ、意思決定スピードや実行力を高めることと、上下関係がフラットなことは両立させうる。それができている企業では、経営陣やマネージャーが上下の境をなくし、経営の考えを伝え、現場の意見を吸い上げるために努力をしていることが、社員クチコミからうかがえる。

「社員同士の関係性は非常にフラット。先輩を敬う雰囲気はあるが、新人・若手でも率直に意見を伝えられる雰囲気がある（というよりは求められる）。温かい雰囲気はあるが、ワイワイやって

Pick Up! 惜しくもランキングに入らなかった優良企業

株式会社バンダイ

1950年設立。玩具、カプセルトイ、カード、菓子、アパレルなどの事業を展開。トイホビー事業では世界各国へ展開。「元気」「裁量」「体育会系」といったキーワードが多く投稿されている。

いるというよりは、自律した個人が、柔軟に協力し合いながら働いているようなイメージ」（株式会社リクルートマネジメントソリューションズ、コンサルタント、在籍5〜10年）

「『みんなで幸せになれる会社にすること』という企業理念が浸透しており、互いを認め合い、助け合う文化が強いです。また、『みんなで経営について考える』という理念のもと、各子会社の経営状況やトピックスを社員に共有する仕組みがあり、『みんなで働いている』という実感があります。チームワークを大切にする雰囲気も強いです。毎週1度、上長との面談もあり、そこで何でも相談できます」（株式会社エイチーム、デザイナー、在籍5年未満）

「社員も士気が高く、上司部下関係なくお互い助け合いリスペクトしているので、働きやすさはもちろん、共に働いていてモチベーションが上がる。アジアの国だけでなく、アメリカやイギリス国籍のフライトアテンダントもいるので、ダイバーシティに富んだ社風」（キャセイパシフィック航空会社、フライトアテンダント、在籍5年未満）

Pick Up! 惜しくもランキングに入らなかった優良企業

株式会社LIFULL

1997年設立。「LIFULL HOME'S」という不動産事業を中心に地方創生・引っ越し・介護・人生設計など多岐にわたる事業を展開する。東証プライム市場上場。「ビジョン」「フラット」「利他主義」といったキーワードが多く投稿されている。

「チームワークが悪い企業」の特徴

「チームワーク」スコアを構成する「社員の相互尊重」と「風通しの良さ」の両面で低評価を受けている企業では、「トップダウン」「顔色・機嫌うかがい」「殺伐」など、「縦・横のコミュニケーション欠如」に関するクチコミが散見された。

「トップダウン」というキーワードが出ている会社でも高評価の会社はあり、その違いは「納得感」にあるようだった。十分なコミュニケーションがあった上でのトップダウンであれば、従業員も納得感を持ち、業務に取り組んでいることがうかがえた。

売上にも営業利益にも影響を及ぼす「チームワーク」スコアは、投資家にぜひ注目していただきたいスコアである。一般的に意思決定スピードが速くなり、変化に強いイメージのあるトップダウン企業でも、「チームワーク」スコアの低い企業が多いということは注意したほうがよいだろう。

また、経営者や人事、そして求職者には、リモートワークの導入などによってコミュニケーション問題が発生していないかを確認することをおすすめする。これまで以上に偶発的なコミュニケーションは少なくなり、組織のタテ・ヨコ・ナナメの「つながり」が弱くなっている可能性がある。そういった企業では新規入社者の定着率が低くなる可能性も考えられるため、注意が必要だ。

Pick Up! 惜しくもランキングに入らなかった優良企業

日本郵船株式会社

1885年創業。国内・海外を合わせて350以上の都市の港へ乗り入れている世界有数の海運会社。東証プライム市場上場。「風通し」「日本企業的」「フラット」といったキーワードが多く投稿されている。

CHAPTER 6

これが社員の「生の声」だ！

Good!

自社のみならずグループ企業全体で
コンプライアンスに関する教育が進み、
高いレベルで実践されている。
働き方改革の後押しもあり、
残業時間や有給消化も改善している

「法令順守意識」が高い超優良企業20社

——企業の存続をも左右する重要指標

Bad!

コンプライアンスに関する発信はあるが
管理職の関心が薄く、形骸化しており、
最低限のことしか守られていない印象。
働き方改革の影響もあり
改善傾向にはあるが
サービス残業の文化は一部残っている

CHAPTER

6 POINT

法令順守意識の低い会社は「投資先」「就職先」として失格

このランキングでは、OpenWorkに投稿された評価スコアのうち「法令順守意識」のスコアに限定し、集計した。法令順守意識が高いと評価される企業にはどのような特徴があるのかを紹介したい。1年以上在籍した社員・元社員が1～5の5段階で評価をつけたものを集計し、算出している。

「法令順守意識」は2～3年後の営業利益につながる可能性が高い

CHAPTER1・3で紹介した論文によると、OpenWorkの「法令順守意識」スコアは「働きやすさ」スコアと相関関係があり、「働きやすさ」スコアは2～3年後の「売上高営業利益率」や1年後の「株式パフォーマンス」と相関関係があることが証明されている。そのため、「法令順守意識」スコアは、2～3年後の「売上高営業利益率」や1年後の「株式パフォーマンス」に影響を及ぼしている可能性が大きいといえる。

○ Good!企業にありがちなコメント

最先端の企業であり、多様性を認め、コンプライアンスを順守している。性別や性的指向、肌の色や出身国・地域などに対しての差別を一切許さず、自分自身、同僚、上司、顧客の誰に対しても平等であることを意識している（Apple Japan合同会社、カスタマーサポート、在籍5～10年）

コンプライアンスリスクを徹底的に排除する姿勢はとても勉強になった（GEジャパン株式会社、営業、在籍5～10年）

また、近年では環境（Environment）、社会（Social）、ガバナンス（Governance）の観点から企業を分析して投資する「ESG投資」が急拡大しており、「法令順守意識」はガバナンスに関連するスコアとして注目することができる。

とくに労務や情報管理といった観点で問題が発覚し、企業価値を一夜にして大きく下げてしまう出来事も少なくはないため、投資家や経営者としては押さえておくべきポイントだろう。

さらに、求職者にとっても、法令順守意識のスコアが低い企業は就職先としてはおすすめできない。法令順守はコンプライアンスの1つであるが、法令順守意識が低いということは、コンプライアンスの別の項目である「社内規範」や「社会規範」、「企業倫理」にも反した行動が多い可能性もある。

どんなに利益が出ていたとしても、コンプライアンスを逸脱した企業・職場であれば気持ちよく働くことは難しいだろう。そもそも法令違反であれば、それはただの犯罪である。法令順守意識のスコアがあまりに低い企業には注意を払っていただきたい。

企業選びの観点ではあまり目立たない「法令順守」だが、投資家・経営者・求職者、それぞれにとって大切な観点なのである。

✕ Bad!企業にありがちなコメント

勤務時間は決まっていても規則が緩く残業代の概念がないためか、正社員で定時に出社する人間は少ない（SIer・ソフト開発・システム運用、エンジニア、在籍5年未満）

ワーク・ライフ・バランスの調整は難しい。働き方改革法によって残業時間を減らす取り組みはされているが、実質的には残業時間は減っておらず、家への仕事の持ち帰りや土日に挽回するという認識は少なからずある（広告代理店、営業、在籍5年未満）

注目企業の概要

第1位　三菱商事株式会社

1950年設立。天然ガスや総合素材、コンシューマー産業など幅広い産業を事業領域とする三菱グループの大手総合商社。東証プライム市場上場。「伝統」「法令順守」「ブランド」といったキーワードが多く投稿されている。

PICK UP クチコミ

社員1人ひとりに企業理念が浸透しており、結果としてこれが会社としての高いコンプライアンス意識につながっていると思われる（新卒、営業、在籍10年以上）

第8位　日本たばこ産業株式会社（JT）

1985年設立。たばこの生産・流通だけでなく医薬品や加工食品、文化支援など幅広い事業を展開する。東証プライム市場上場。「日本」「コンプライアンス」「公社」といったキーワードが多く投稿されている。

PICK UP クチコミ

昔のような残業続きの文化は、今はほとんど残っていない。ワーク・ライフ・バランスは大変調整しやすいと思います（新卒、経理、在籍10年以上）

第11位　東京ガス株式会社

1885年設立。東京都都市部とその隣接区域を営業区域とする日本最大手の都市ガス事業者。東証プライム市場上場。「法令順守意識」「責任」「公益」といったキーワードが多く投稿されている。

PICK UP クチコミ

法令・コンプライアンス順守に対する意識は非常に高いと思います。定期的に勉強会を行っており、問題が起きれば、事例周知や臨時の勉強会などが実施されます（新卒、技術職、在籍5年未満）

「法令順守意識」が高い企業トップ20

順位	企業名	業界	上場市場	総合評価
1	三菱商事株式会社	総合商社	東証プライム	4.965
2	住友商事株式会社	総合商社	東証プライム	4.950
3	デュポン株式会社	化学、石油、ガラス、セラミック		4.946
4	アコム株式会社	消費者金融、事業者金融	東証スタンダード	4.932
5	花王株式会社	日用品、化粧品	東証プライム	4.920
6	Apple Japan合同会社	コンピュータ、通信機器、OA機器関連		4.919
7	トヨタ自動車株式会社	自動車、自動車部品、輸送機器	東証プライム市場など上場	4.918
8	日本たばこ産業株式会社（JT）	食品、飲料	東証プライム	4.917
9	三菱地所株式会社	不動産関連、住宅	東証プライム	4.917
10	株式会社ダイナム	旅行、ホテル、旅館、レジャー		4.911
11	東京ガス株式会社	電力、ガス、エネルギー	東証プライム市場など上場	4.911
12	株式会社小松製作所	機械関連	東証プライム	4.900
13	株式会社ミリアルリゾートホテルズ	旅行、ホテル、旅館、レジャー		4.896
14	アステラス製薬株式会社	医薬品、医療機器	東証プライム	4.896
15	中外製薬株式会社	医薬品、医療機器	東証プライム	4.891
16	味の素株式会社	食品、飲料	東証プライム	4.890
17	株式会社オプテージ	通信、ISP、データセンター		4.886
18	特許庁	官公庁		4.884
19	ファイザー株式会社	医薬品、医療機器		4.884
20	GEジャパン株式会社	重電、産業用電気機器、プラント関連		4.879

※ランキングの評価点・クチコミ件数などは集計時点の数値となるため、「OpenWork」各企業ページで掲載している数値と異なる場合があります。

※集計期間に投稿があった対象データから、一定数以上集まった企業を集計対象としています（集計期間：2007年7月～2022年3月）。

「法令順守意識の高い企業」の特徴

「法令順守意識」の観点で高く評価されている企業には、どのような共通項があるかを分析していきたい。ランクインした各社の「法令順守意識」に関連する投稿されたクチコミを見ていくと、いくつかの共通項が浮かび上がってきた。

グループ企業にまで波及する大手企業の高い法令順守意識

株式会社三菱ＵＦＪフィナンシャル・グループの連結子会社であるアコム株式会社や、関西電力グループである株式会社オプテージ、株式会社オリエンタルランドの子会社である株式会社ミリアルリゾートホテルズのランクインをはじめとして、惜しくもランクインは逃した企業も含め、日系大手企業のグループ企業が軒並み高いスコアを得た。

グループ企業を多く持つ各親会社の法令順守意識の高さは、自社のみならず「グループ企業各社へのコンプライアンス徹底」まで含まれていることがわかった。

「ＭＵＦＧグループの子会社になってから、銀行的な堅い雰囲気があり、組織体制、企業文化としてはトップダウンで、社内全体でコンプライアンス順守の意識が非常に高い」（アコム株式

Pick Up! 惜しくもランキングに入らなかった優良企業

ライオン株式会社

1918年設立。洗剤・歯磨き・トイレ用品などを開発・生産する日本の大手生活用品メーカー。東証プライム市場上場。「法令順守」「まじめ」「ワーク・ライフ・バランス」といったキーワードが多く投稿されている。

会社、営業、在籍5～10年）

「関西電力のグループ会社であるため、コンプライアンス遵守や社会的な責任感は強い」（株式会社オプテージ、技術、在籍5～10年）

「真面目、手堅い。コンプライアンスをかなり厳密に重視して仕事に取り組んでいる。また他人に協力的な人が多い」（中外製薬株式会社、研究、在籍5年未満）

働き方改革の推進により労務まわりが大きく改善

2016年に「働き方改革実現会議」が発足し、2018年には「働き方改革関連法」が可決、成立した。その他にも、労務に関する決して看過できない問題が複数発生したこともあり、働き方改革は大きく前進した。実際に、上位にランクインした企業のクチコミには、働き方改革による労働時間やワーク・ライフ・バランスの改善に関するものが多く見られた。

「部署にもよるが、ワーク・ライフ・バランスは非常に調整しやすい。特に残業時間に関しては、ここ数年の働き方改革でかなり短縮されてきている」（アステラス製薬株式会社、本社スタッフ、在籍10年以上）

Pick Up! 惜しくもランキングに入らなかった優良企業

株式会社TKC

1966年設立。会計事務所と地方公共団体に対してTKC統合情報センターによるコンピュータサービスなどの情報サービスを行うIT企業。東証プライム市場上場。「トップダウン」「誠実」「コンプライアンス」といったキーワードが多く投稿されている。

「働き方改革が全社で進められており、有給はかなり取りやすい。残業も厳しく制限されているため、プライベートは充実させることができると思う」(味の素株式会社、研究職、在籍5~10年)

「仕事のオン、オフがはっきりしており、働くのには良い環境。育児休暇制度など他社よりも進んでいたり、社員に対して働き方改革が進んでいる企業であると思う」(花王株式会社、資材、在籍5年未満)

働き方改革に関するクチコミは、トップ20の企業だけでなく、大半の企業で投稿されていた。実際に、OpenWorkに投稿されたクチコミデータを集計すると、２０１２年から２０２２年で平均残業時間は46時間から24時間に、有給休暇消化率は41%から60%へと改善されていた。また、驚くことに10年前はもっとも残業が多かった20代が、もっとも残業が少なく、もっとも有給休暇を取得している年代になっていた。

Pick Up! 惜しくもランキングに入らなかった優良企業

株式会社北國銀行

1943年設立。「豊かな明日へ、信頼の架け橋を」をテーマに個人・法人・投資家向けにサービスを展開する石川県金沢市に本店を置く地方銀行。「フラット」「ルール」「法令順守」といったキーワードが多く投稿されている。

「法令順守意識の低い企業」の特徴

「法令順守意識」の観点で低評価を受けている企業では、「ワーク・ライフ・バランスなどない」「サービス残業」「コンプラ意識の低さ」といったコメントが散見された。全体的な傾向としては、「ここ3〜5年で改善傾向にある」という枕詞がつくことも多かったため、今後は改善されていくのかもしれない。ワーク・ライフ・バランスの程度に関しては、個人の欲求や企業の方針によって異なるためコメントを避けるが、労務問題やコンプライアンス問題は単純に法令違反の可能性があるため、見過ごすことはできない。

投資家、経営者は、「法令順守意識」スコアは営業利益につながる可能性が高いという観点でも注目すべきだが、それ以上にガバナンスの観点から注視すべきスコアではないだろうか。法令順守意識の低さにより大きな問題へと発展し、企業価値を毀損してしまうリスクは投資家としては看過できないはずである。

求職者の立場では、「法令順守意識」には興味を持ちにくいかもしれない。しかし法令順守意識が低い会社を志望する際は、関連する「残業時間」「有給休暇消化率」、また定性クチコミの「組織体制・企業文化」「ワーク・ライフ・バランス」をチェックしていただきたい。クチコミを読んで違和感を覚えたら、入社を再考することをおすすめしたい。

Pick Up! 惜しくもランキングに入らなかった優良企業

独立行政法人日本貿易振興機構（JETRO）

2003年設立。現地政府・企業・研究機関・国際機関とのネットワークなどの強みを活用して調査・分析を行い、最新の海外ビジネス情報を日本企業に広く提供する独立行政法人。「法令順守」「公務員」「真面目」といったキーワードが多く投稿されている。

COLUMN 2

ランキングのロジック

本書のランキングのもととなっている社員クチコミデータやランキングのロジックについて、解説しておきたい。

当社が運営するOpenWorkは日本最大級の社員クチコミ数を誇る。会員数は500万人を突破し、就活生にいたっては約2人に1人が使うほどの就職・転職情報サイトとなっている。また、利用用途は就活・転職だけではなく、国内の研究機関が研究データとして、海外のヘッジファンドが投資データとして活用するほどの品質となっている。

2018年にはOpenWorkの社員クチコミを使った論文が、日本証券アナリスト協会の証券アナリストジャーナル賞を受賞するなど、研究界や金融業界内でもその品質の高さが認められている。

では、なぜそこまで品質が高いのか、そしてどのようなクチコミデータなのか。OpenWorkの社員クチコミを紹介しよう。

社員クチコミデータの全体像

まずは社員クチコミデータの全体像だ。少し多く感じるかもしれないが、全部で19種類のデータが公開されている。

8つの定量評価：待遇面の満足度、社員の士気、風通しの良さ、社員の相互尊重、20代成長環境、人材の長期育成、法令順守意識、人事評価の適正感

8つの定性評価：組織体制・企業文化、入社理由と入社後ギャップ、働きがい・成長、女性の働きやすさ、ワーク・ライフ・バランス、退職検討理由、企業分析［強み・弱み・展望］、経営者への提言

3つの実数値：年収・給与、残業時間、有給休暇消化率

これらの社員クチコミデータは、OpenWork（旧Vorkers）が創業時に経営学や社会システム論、行動経済学や各種研究論文などを参考に独自に作り上げ、〝働く〟を網羅的かつ数値的に測れるようにしたものとなっている。

総合評価・8つの定量評価・2つの実数値（残業時間・有給休暇消化率）

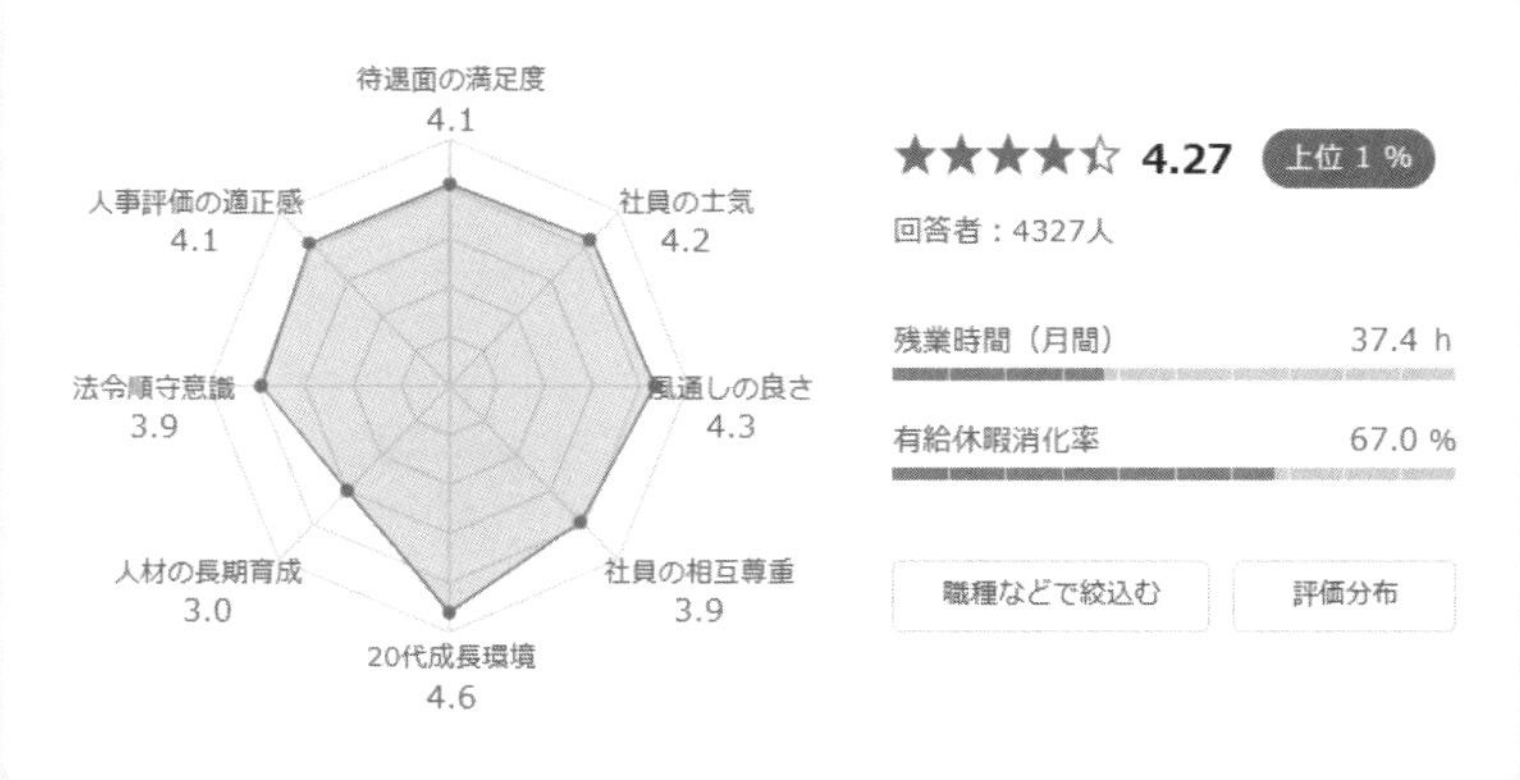

社員クチコミの品質管理

年収推定アルゴリズムを実装した年収・給与データ

職種別の平均年収

コンサルタント 794人	**910万円**（400万円 ～ 4300万円）
エンジニア・SE 141人	**611万円**（300万円 ～ 1500万円）
アナリスト 45人	**559万円**（430万円 ～ 800万円）
テクノロジー 40人	**885万円**（452万円 ～ 2000万円）
ディレクター 26人	**727万円**（288万円 ～ 4500万円）

他の職種を見る（全9件）

年齢別の年収 年収データを元にした推定値と約80%の推定範囲 [詳細]

25歳	**578万円**（386万円 ～ 866万円）
30歳	**742万円**（495万円 ～ 1112万円）
35歳	**931万円**（621万円 ～ 1396万円）
40歳	**1115万円**（744万円 ～ 1671万円）
45歳	**1270万円**（847万円 ～ 1904万円）
50歳	**1405万円**（937万円 ～ 2105万円）

定性評価の一例（働きがい・成長）

オープンワークの就職・転職リサーチ

働きがい・成長

回答日：2019年08月27日

回答者：ディレクター、在籍3～5年、現職（回答時）、中途入社、男性、オープンワーク

★★★★☆ 4.0

働きがい：

メンバー全員が「働きがいを全ての人へ」という理念に共感して集まっているため、同じ志の人達と理念を実現していくために協力していける点に働きがいを感じる。

成長・キャリア開発：

マネジメント／スペシャリストコースが設けられていたり、自己啓発費が支給されたり、エンジニアからアナリストへの職務変更なども可能なので、キャリアの選択肢は多く設けられているが、あくまで成長は個人に任されている。全体最適を大きく損なわないのであれば、自分が携わりたい業務への参画が拒まれることは無い。

GOOD！ 2　報告する　記事URL

「研究機関や金融業界でも利用されるほど品質の高い社員クチコミにするには、どのような工夫をしているのか?」と質問をされることが多い。OpenWorkでは主に3つの取り組みによって高い品質を維持している。

①投稿時の厳しい前提条件

OpenWorkは多くの方が閲覧できるようになっているが、投稿はいくつかの条件をクリアする必要がある。そのため、投稿時点で一定以上の品質になっている。

・投稿する企業で正社員または契約社員として1年間以上勤務した人のみが回答可能
・社員クチコミ投稿時の最低文字数が500文字以上と、業界平均よりも極めて多い
・他の回答やサービスなどからの転用禁止
・不自然なタイミングでの連続投稿、意図的に企業の評価を操作することを目的とした投稿、他者から依頼されて行う投稿などの不正行為などの禁止

また、「半実名制」も、投稿時の品質を高めることに一役買っている。

OpenWorkは就職・転職サイトでもあり、自身の経歴や履歴書を登録しておくと、優良企業からスカウトや求人が届くようになっている。匿名加工情報に基づき、誰がどのような社員クチコミを投稿したかは

わからないようになっているが、実名登録をしているからこそ、いい加減なことや偽りの情報は書きにくいようになっている。

社員クチコミを投稿する際は匿名性が担保されているため本音が書きやすく、求職時には実名を用いて就職・転職活動をするという、「半実名制」が、品質担保の1つの要因となっている。

②進化し続けるクチコミ審査

OpenWorkに投稿された社員クチコミは、大きく「機械審査」と「目視審査」の2段階の審査を経て公開されている。

「機械審査」はいたずら回答など不適切性の高いクチコミの除外や、攻撃性の計測処理を行っている。

「目視審査」はトレーニングを積んだ専門チームがガイドラインに基づいて、機械審査では検知できない観点を1件1件チェックしている。

独自ガイドラインは、審査ポリシーから誹謗中傷やプライバシー侵害といった観点別の判断基準などで構成されており、そのページ数は数十ページにわたる。

また、２０２０年には、新型コロナウイルス蔓延を示唆する投稿やＬＧＢＴＱ、ＤＥＩの観点の審査基準が新たに加わるなど、ガイドラインを定期的に見直している。

ガイドライン例は次ページの図表のとおりだ。

また、不適切なクチコミを見つけた場合はユーザーが報告できるようにもなっており、全方位的に投稿されるクチコミの審査基準を高めるようにしているのも特徴だ。

③ユーザーフレンドリーなスコア算出アルゴリズム

「1300万件もクチコミがあれば、古いクチコミもスコアに反映されているから信頼できないのでは？」「社員数が少ない会社でたまたま良い投稿ばかり集まったら、ランキング上位にくるのでは？」といった疑問を抱いた読者もいるのではないだろうか？

本書のランキングに用いられている各種評価スコアは単純平均ではなく、より信頼できるスコアとするために「最新性」「回答者数」「乖離性」などを重視したアルゴリズムによって算出され、上記疑問のような問題が起こらないようになっている。

「最新性」は、投稿日や投稿情報自体が新しいクチコミほどスコア算出に大きく影響するといったものだ。企業規模にもよるが、大企業ですら3年もあれば大きく変

クチコミ審査ガイドライン例

・実際に働いてみて感じた、職場環境に対する感想を投稿すること。噂話や不確かな情報の投稿は禁止。
NG：「課長として３年働けば部長になれるという噂」「営業の経験がない人は部長になれないと言われている」

・誇張された表現や、虚偽の投稿は禁止。
NG：「この会社では大学卒でなければ人ではない」

非公開投稿の割合

投稿全体に占める
いたずら回答による非公開

約**7%**

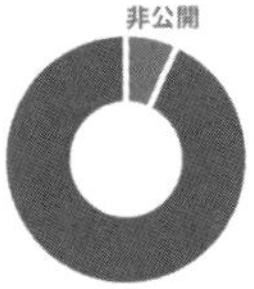

投稿全体に占める
意図的投稿による非公開

意図的にOpenWorkでの自社の評価を上げようとする投稿（高い評価点・賞賛文章）

約**1%**

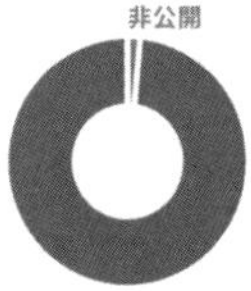

化することがOpenWork上のデータでわかっている。だとすれば、鮮度の高い情報を皆さまにお届けすべき、と考えるのは当然のことであろう。

「回答者数」は、有効母集団といえるだけの回答者数がスコアへの反映には必要ということだ。回答者が数名のうちは、次の回答者が高評価/低評価をつけると、大きくスコアが変動してしまう。そのため、一定の回答者数が集まらないうちはスコアも大きく変動しないようになっている。

「乖離性」はやや説明が複雑になるので概要だけ紹介すると、投稿された評価スコアの分布が公開されるスコアへ影響しているということである。

公開時にこのようなアルゴリズムを加えることによって、ユーザーが本当に知りたい情報を届けられるようになっているのが、OpenWorkのスコアの特徴となっている。

以上、長々と説明してきたが、これらの3つの工夫により、OpenWorkに集まる社員クチコミの品質は維持されている。本書のラ

スコア算出時の重視ポイントの例

より有益な情報を届けるために、スコア算出で重視しているポイント

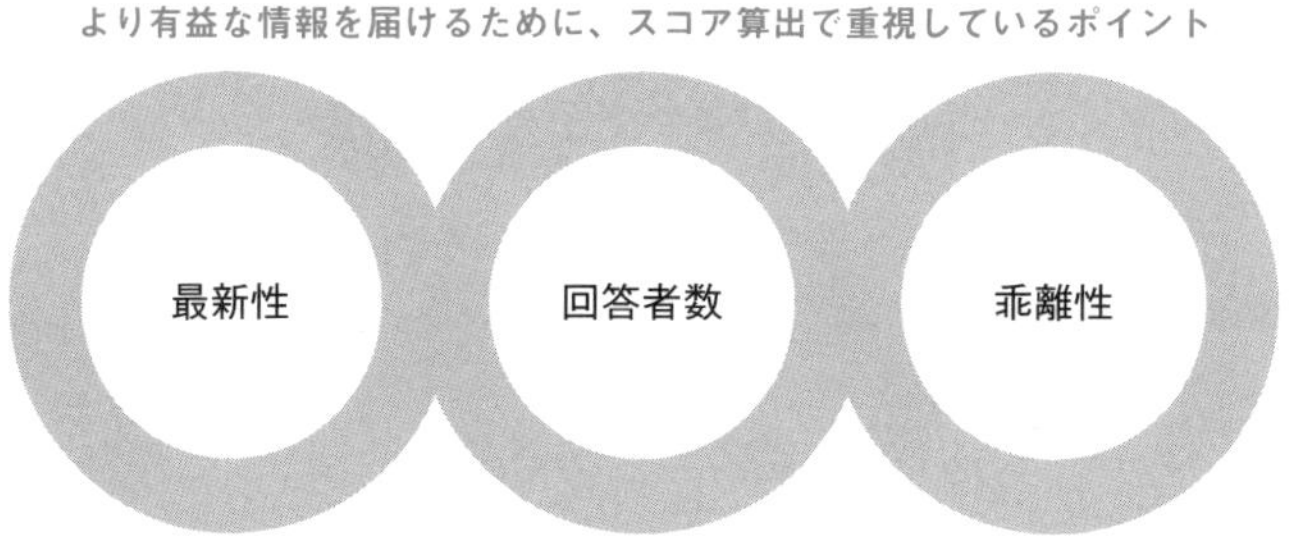

ンキングを作成する際も、OpenWorkのデータサイエンスチームの協力・監修のもと算出しているため、データの確からしさに関しては安心していただきたい。

ランキングロジックについて

本書のランキングデータの注釈にも説明しているが、ランキングを算出するにあたっては、左記共通のルールを適応している。

・ランキングの定義に基づき、1社あたり十分なクチコミ数がある企業を対象
・異常値や審査基準を逸脱した投稿の除外
・前述スコア算出のアルゴリズムを使用し、ランキングごとに再計算
・対象期間を限定（本書を執筆している時点でのデータを利用）

そのため、読者の皆さまが本書を読んでいるときに、OpenWorkのウェブサイトやアプリを見ると、スコアが異なっている可能性があるだろう。また本書のために算出したスコアもあるため、ウェブサイトやアプリ上では見ることができないランキングデータもあることを断っておきたい。

PART 3

年代別のクチコミでわかる超優良企業80社

The very best companies
found by
analysing 13,000,000 reviews.

CHAPTER 7

これが社員の「生の声」だ！

Good!

裁量権があり、チャレンジングな仕事が多い。
上司からの鋭いフィードバックや、
キャリアのサポートも手厚いと感じる。
また、成果に対して公平な評価がなされ、
若くても抜擢される制度・風土がある

「20代で成長」できる超優良企業20社

——過去10年で唯一「悪化」した重要指標

Bad!

挑戦する風土がなく、
そもそも会社が成長していない。
成果を出しても評価されず、
若手の抜擢もないため、成長機会がない。
周囲もやる気がなく、成長とは縁遠い

CHAPTER 7 POINT

20代の成長環境は「売上」「イノベーション」に関連

このランキングでは、OpenWorkに投稿された社員クチコミのうち、20代の方が投稿した「20代成長環境」による評価に限定し、評価点を集計した。1年以上所属していた投稿者が「20代が成長できる就業環境」について「非常に良い・良い・普通・悪い・非常に悪い」の5段階で回答した結果をデータとして活用している。

「若いうちから成長することができる」と評価される企業にはどのような特徴があるのだろうか。終身雇用制が限界を迎え、企業にキャリアを預ける時代から、個人が自分のキャリアに責任を持つ時代へと変化しつつある今だからこそ、注目したいランキングである。

10年間で唯一悪化したのが「20代成長環境」

近年では、働き方改革が進みすぎた結果なのか、「ぬるま湯企業（働きやすいが、成長は得られない企業）」が増えている。次の図表は、OpenWorkに寄せられた社員クチコミの評価項目別スコア平均の推移だ。ほぼすべての項目が10年で向上している一方、「20代成長環境」のスコア

Good!企業にありがちなコメント

若手の育成はとても手厚いです。キャリアの相談もしやすい環境だと思います。また、若手が活躍できる環境でもあると思います（日本アイ・ビー・エム システムズ・エンジニアリング株式会社、システムエンジニア、在籍3～5年）

若手のうちから裁量権を持たせていただけ、クライアントのためになることであれば、前例にとらわれずに挑戦させてもらえるところに働きがいを感じていました（株式会社ベクトル、PRコンサルタント、在籍5年未満）

のみ下降傾向が見られ、企業における若手の育成に課題が出てきていることがうかがえる。

ファーストキャリアを考える20代の方にとって、「20代成長環境」はとても大切な観点である。

社員クチコミ評価項目別スコア平均の推移

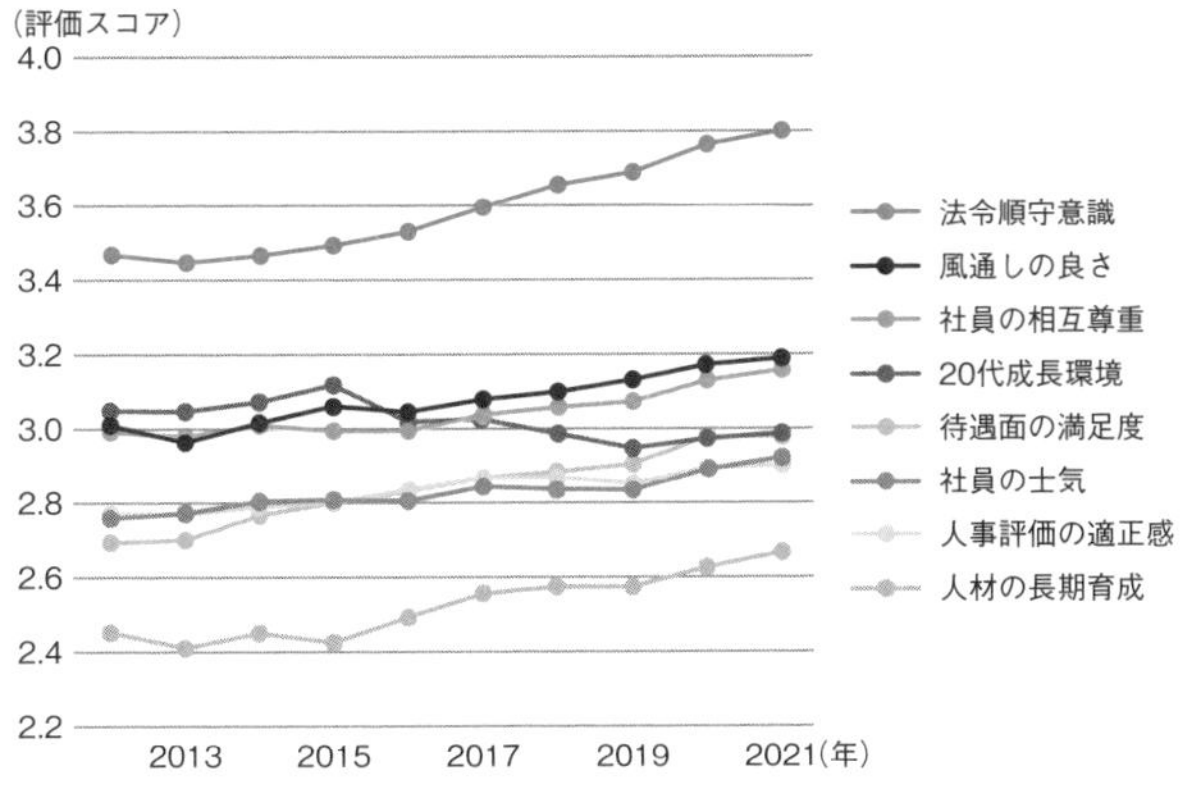

※OpenWorkに投稿された現職社員による回答を元に集計

これから就職活動を始める方や、1回目の転職を迎える方は、ぜひ選社軸の1つとして持っておくべきだろう。名だたる大手企業が早期退職制度を積極的に導入したり、終身雇用制の限界を訴えたりと、「大手企業に入れば安泰」という時代は終わり、いかに自身の市場価値を高めるかがポイントになっているからである。

また、投資家にとっても大切な観点である。CHAPTER3で紹介した論文によると、「20代成長環境」は企業の売上とゆるやかではあるが相関関係がある。「20代成長環境」がある会社は、優秀な人材が育ちやすく、イノベーションが生まれやすい可能性がある。そのため、今後売上が伸びる可能性があるかどうかの1つの材料として「20代成長環境」はチェックしておくべき項目だろう。

✕ Bad!企業にありがちなコメント

会社内では勉強している人は周りにはおらず、自分もダメになりそうな雰囲気に巻き込まれてしまう（SIer・ソフト開発・システム運用、エンジニア、在籍5年未満）

成長は感じられなかった。キャリアは、試験を受け、通ることで上がる。あとはゴマすりの文化が強い（航空・鉄道・運輸・倉庫、乗務員、在籍5年未満）

注目企業の概要

第7位　株式会社ISSリアライズ

1920年創業。金属加工を中心とした機械製品などを専門に扱うコンサルティング事業を展開する。「成長」「営業」「裁量権」といったキーワードが多く投稿されている。

PICK UP クチコミ

1年目から裁量権を持ち、高い顧客接点量があるため商流への理解や対人スキルは上がる。そこからは当人次第。経営的なスキルを身につけるための社外研修などに積極的に取り組む人間は多い（新卒、営業、在籍3～5年）

第9位　株式会社ガイアックス

1999年設立。ソーシャルメディアとシェアリングエコノミー領域を中心としたスタートアップスタジオ事業を展開する。名証ネクスト市場上場。「手を挙げる」「チャレンジ」「裁量」といったキーワードが多く投稿されている。

PICK UP クチコミ

裁量権は非常に大きい。特に新卒社員に対しては1年目の段階からかなり責任のある立場を任されることも多いので、成長に寄与する負荷があるという意味でいうとこの上ない水準（新卒、ビジネス、在籍3年未満）

第17位　株式会社じげん

2006年設立。複数のインターネットメディアの情報を統合し、一括で検索などができるEXサイトなど複数のビジネスモデルを展開するライフサービスプラットフォーム事業を行う。東証プライム市場上場。「成長」「裁量」「若い」といったキーワードが多く投稿されている。

PICK UP クチコミ

事業全般に関わり、全体像をつかみたいという人にはよい環境。成果を残せば正しく評価がつき、ステップアップが見込める。周りの人間も向上心が高く、お互いを高め合える（新卒、マーケティング、在籍5～10年）

「20代で成長」できる企業トップ20

順位	企業名	業界	上場市場	総合評価
1	**株式会社ローランド・ベルガー**	コンサルティング、シンクタンク		4.972
2	**フューチャー株式会社**	SIer、ソフト開発、システム運用	東証プライム	4.932
3	**P&Gジャパン合同会社** (旧：プロクター・アンド・ギャンブル・ジャパン株式会社)	日用品、化粧品		4.882
4	**株式会社揚羽**	広告代理店、PR、SP、デザイン		4.860
5	**シンプレクス株式会社**	SIer、ソフト開発、システム運用	東証プライム(★)	4.832
6	**株式会社KPMG FAS**	証券会社、投資ファンド、投資関連		4.822
7	**株式会社ISSリアライズ** (旧：井上特殊鋼株式会社)	鉄鋼、非鉄金属		4.817
8	**株式会社フィッツコーポレーション**	日用品、化粧品		4.809
9	**株式会社ガイアックス**	インターネット	名証ネクスト	4.807
10	**日本ナショナルインスツルメンツ株式会社**	半導体、電子、精密機器		4.788
11	**日本アイ・ビー・エム システムズ・エンジニアリング株式会社**	SIer、ソフト開発、システム運用		4.788
12	**株式会社ビービット**	インターネット		4.774
13	**シティグループ証券株式会社**	証券会社、投資ファンド、投資関連		4.769
14	**株式会社サイバーエージェント**	インターネット	東証プライム	4.754
15	**株式会社メディックス**	インターネット		4.753
16	**株式会社リクルート**	情報サービス、リサーチ	東証プライム(★)	4.744
17	**株式会社じげん**	インターネット	東証プライム	4.740
18	**株式会社プレサンスコーポレーション**	不動産関連、住宅	東証スタンダード	4.724
19	**UHA味覚糖株式会社**	食品、飲料		4.697
20	**株式会社ベクトル**	広告代理店、PR、SP、デザイン	東証プライム	4.695

※ランキングの評価点・クチコミ件数などは集計時点の数値となるため、「OpenWork」各企業ページで掲載している数値と異なる場合があります。

※集計期間に投稿があった対象データから、投稿時に20代だった方からの投稿が一定数以上集まった企業を集計対象としています（集計期間：2007年7月〜2022年3月）。

※殿堂入り企業（COLUMN 1を参照）は集計対象外としています。

※集計には“最新性”・“回答者数”・“乖離性”などを反映させています。

※★は持株会社である親会社が上場しており、該当企業が中核子会社であることを指します。

「20代で成長できる企業」の特徴

当事者である20代から「20代成長環境」の観点で高く評価されている企業には、どのような共通項があるかを分析していきたい。皮肉なことに、30代・40代の方が「20代の成長環境」を高く評価していても、20代の方が低く評価している会社もあった。同じ会社内でも、10～20年前と現在では、成長環境が変わっている企業もあるのだろう。ランクインした各社の「20代成長環境」に関して投稿されたクチコミを見ていくと、いくつかの共通項が浮かび上がってきた。

成長を加速させる「裁量権」に必要な2つのスパイス

「修羅場経験が人を成長させる」といった話を耳にすることがあるが、ランクインした多くの企業で共通して出ていたキーワードの1つが「裁量権」であった。教育体系をただ整えるだけではなく、チャレンジングな仕事を任せてもらえる環境があるかどうかが、高評価につながるようだ。

また、クチコミを読み解いていくと、裁量権を与える上でセットにすべきことが2つあることが見えてきた。「優秀人材の採用」と「適切な評価」だ。裁量権を事業成長につなげることができる優秀人材の採用と、チャレンジングな仕事に対する成果を適切に評価できる人事制度があってはじめて、「裁量権」が若手人材の成長につながるようである。

Pick Up! 惜しくもランキングに入らなかった優良企業

株式会社カヤック

2005年設立。「面白」をキーワードにプロデュース事業やゲーム・エンタメ関連事業などを展開する。東証グロース市場上場。「成長」「裁量」「若い」といったキーワードが多く投稿されている。

「若手のうちから裁量のある仕事を任せてもらえるので、その仕事をとにかくこなし続ければ成長スピードは速い。会社は成長を続けており、ポストも次々生まれるので、次々新しいチャレンジをする環境は整っている」（シンプレクス株式会社、コンサルタント、在籍5～10年）

「自分で考えて行動し、結果を出していくということを称賛する文化があり、裁量権という観点では申し分ないと思います。一緒に働く仲間の士気も高く、嫌な人と働かないといけないという悩みを持たなくてよい会社。素直で良い人採用というものが本当に徹底されているからこそ、社内の雰囲気は抜群に良い会社です」（株式会社サイバーエージェント、営業、在籍5～10年）

「お客様への利用価値に比例して利益が出るため、働きに応じて自分の給料にも返ってくる。そういった所得に関する観点でも働きがいを感じる」（株式会社ISSリアライズ、営業、在籍5～10年）

人に「向き合う」文化と、「学び」の支援

近年ではハラスメントなどをおそれ、部下や同僚に対してフィードバックをしない職場が増えていると聞く。たしかにリスクをおかしてまで、他人の成長やキャリアにコミットしたくないのは本音だろう。しかし、「20代の成長環境」で上位にランクインした会社のクチコミからは、徹底的に個人の成長やキャリアに向き合う文化が垣間見えた。将来のキャリアに不安を抱える若者

Pick Up! 惜しくもランキングに入らなかった優良企業

PwC税理士法人

Big4（4大税理士法人）の1社。企業税務、インターナショナルタックス、M&A税務などを含む税務コンサルティングなどのサービスを展開する。「海外」「クライアント」「専門性」といったキーワードが多く投稿されている。

が増えているからこそ、このような文化が根づく会社・職場が今後は評価されるだろう。

また、同時にキャリア形成に資する「学び」の支援に関するクチコミも散見された。キャリアに対するフィードバックと、それを支援する学びの機会をセットで用意している企業が多いようだ。

「手を挙げた人に任せる文化がある。年に2回の上長との面談を通して、どんな技術や案件フェーズ、業界に携わりたいのか希望を伝えることができる。その希望に極力沿った仕事ができるように現プロジェクト以外も含めて取り計らってくれる。企業全体としてこの文化が根づいている」（フューチャー株式会社、コンサルタント、在籍3～5年）

「Feedback is a giftという言葉が社内で浸透しており、良い部分だけでなく成長機会も定期的にフィードバックする文化があり、振り返りの機会がある。トレーニングも非常に充実している。社内にこれまで蓄積された知識などを集めた教科書的なものもあり、個人のやる気次第ではいつでも学べる環境が整っている」（P&Gジャパン合同会社、マーケティング、在籍5年未満）

「何ができるかよりも前に、何をしたいのかを重視される。『お前は何がしたいのか』と問われ続ける文化があると思う。何がしたいか完全に決まり切っていなくても、何を志向しているのかについて思考し、定期的に棚卸を続け、成長に向けたアクションを自分から取りに行くことが大事」（株式会社リクルート、営業、在籍5～10年）

Pick Up! 惜しくもランキングに入らなかった優良企業

株式会社オプト

デジタルマーケティングを中心とした広告代理サービスを展開する。持株会社である株式会社デジタルホールディングスは東証プライム市場上場。「主体的」「裁量権」「若手」といったキーワードが多く投稿されている。

「20代で成長できない企業」の特徴

「働きがい・成長」の観点で低評価を受けている企業に共通するクチコミを要約すると「やる気がない上司・同僚」「現状維持」「風通しの悪さ」と整理できた。チャレンジングな仕事が生まれるような環境がなく、成長やキャリアを支援するような上司・同僚もおらず、その危機感を伝えることのできない風通しの悪い風土が、若手人材から成長を奪っているようだ。

一方で意外なことに、「学び」の支援に関するコメントは評価の低い企業においても多く見られた。会社として研修機会を用意しても、それを活かせる環境や風土がないかぎり、個人の成長にはつながらないということだろう。

「20代成長環境」は2〜3年後の売上にも効いてくる指標の1つであるため、若手人材の成長を阻害するようなコメントが散見される企業への投資は気をつけたほうがよいかもしれない。

経営者や人事部の立場からは、若手人材が活躍する「チャレンジングな仕事」「適切なフィードバック・評価」「学習機会」が用意された職場環境をつくる必要があるだろう。

また、20代のうちに市場価値を高めたいと考える求職者は、上記のようなキーワードを意識した上で就職先を探す必要があるだろう。

Pick Up! 惜しくもランキングに入らなかった優良企業

株式会社船井総合研究所

1970年設立。中堅・中小企業を対象に専門コンサルタントを擁する日本最大級の経営コンサルティング会社。持株会社である株式会社船井総研ホールディングスは東証プライム市場上場。「経営」「若手」「独立・起業」といったキーワードが多く投稿されている。

CHAPTER 8

これが社員の「生の声」だ！

Good!

20代までは横並びで
少しずつ昇給していくが、
30代からは役職や成果に応じて差がつき、
給与・賞与が高くなる傾向がある。
また株式報酬も用意されており、
会社の成長が自身の報酬として戻ってくる

30代「年収アップ」幅が大きい超優良企業20社

――転職市場での魅力を決める重要指標

Bad!

20代までは横並びで
少しずつ昇給していくが
30代以降は頭打ちとなり伸び悩む。
職種によっては成果報酬型の
色合いが強くなり、成果が出せないと、
昇給どころか降給していくケースもある

CHAPTER
8
POINT

即戦力の「ミドル人材」に選ばれる会社は強い

日々働いていく上で、「年収・給与」はもっとも重要な指標の1つと言って過言ではないだろう。OpenWorkにおいても年収項目は社会人・学生問わず圧倒的に多くの人から閲覧されており、退職・転職する理由においても年収・給与に関する項目は常に上位に入っている。

仕事を探す中で、その企業の給与を調べる機会は多いと思うが、実は給与体系や報酬制度には、数字だけではない、その企業の組織文化や評価制度といった特徴が大きく反映されている。

OpenWorkでは、蓄積された実際に働く社員の年収データをもとに、企業ごとに異なる賃金カーブを独自のアルゴリズムによって可視化している。それを「年齢別年収（※1）」や「職種別年収」として掲載しており、平均年収や上限・下限年収も閲覧できるようになっている。

今回のランキングでは上記データを活用し、30歳時点での推定平均年収から40歳時点での推定平均年収への上がり幅でランキングを作成した。

経験豊富なミドルの採用ニーズが高まっている

○ Good! 企業にありがちなコメント

近年は評価にかなり差がつくようになっており、現在の職群（※在籍15年以上の方）だと評価次第で年収ベースで300万～400万円の差が出ているはず。職群次第ではさらに差が開く。同期とある程度横並びで昇進していくのは入社7～8年目までのイメージ（三井物産株式会社、営業、在籍10年以上）

新卒から3年ほどは一律で昇給。4～5年目くらいで昇進スピードに差が出始める（PwCアドバイザリー合同会社、BRS、在籍5年未満）

近年、経験豊富なミドルの採用ニーズが高まっている。これまで新卒一括採用を人材調達の主な手段としていた日系の大手企業ですら、30代以上のキャリア採用に力を入れ始めている。

一方で企業は、経験豊富で即戦力となるミドルから選ばれる企業と選ばれない企業に二極化しているように感じる。30代の転職者に話を聞くと、その1つの要因に「ミドル人材だとしても評価され、昇給する制度があるかどうか」が挙げられた。

30歳になるまで順調に昇給していたが、徐々に頭打ちになる賃金カーブになっている企業も少なくない。優秀で経験豊富なミドル人材にさらに活躍してもらったり、即戦力になりうるミドル人材を採用するためには、30代でもしっかり評価され、昇給できる環境を用意する必要がある。

30代で転職をする方は、これからますます増えるだろう。転職を決める前に、ぜひ30代でも評価される会社かどうかを調べておいていただきたい。

また、投資家の立場からも、どれだけ外部から優秀な人材を採用しリテンションできているかは、今後の事業成長性にも大きく影響するため、注目することをおすすめしたい。

（※1）「年齢別年収」は、会社評価レポートにて回答された有効な年収データを統計的に処理し、推定した年収値と約80％の推定範囲。個人の年収データやそれらの平均値ではなく、ある年齢および前後の年齢の複数のデータからOpenWork独自のアルゴリズムによって統計的に算出している。このため、ある程度の年収データが集まった企業のみランキング対象としている。

× Bad!企業にありがちなコメント

1年間の契約トータル件数によって、次の年度の基本給が決まります。年間目標件数をクリアできなければ、翌年は基本給が下がります（生命保険・損害保険、営業、在籍10年以上）

賞与は年に4回支給。四半期ごとの成績が反映されてくるが、ある程度達成していても低い。個人成績が反映されない職種も多く、やりがいに直結はしない。昇給に関しても、毎年何％アップなど書面で渡されるが、昇給した要因などはわかりません（人材サービス、営業、在籍5～10年）

注目企業の概要

第1位 グーグル合同会社

1998年設立。世界最大シェアの検索エンジンの「Google」をはじめ、多岐にわたるサービスを展開しているIT企業の日本法人。「公正」「定性」「RSU」といったキーワードが多く投稿されている。

PICK UP クチコミ

基本給＋賞与＋RSUで支払われる。職位レベルが上がるにつれてRSUの割合が増す傾向にある（中途、エンジニア、在籍5～10年）
※RSU：譲渡制限付き株式報酬

第2位 三菱商事株式会社

1950年設立。日本最大級の資本金を持つ三菱グループの大手総合商社。東証プライム市場上場。「年功序列」「管理職」「ボーナス」といったキーワードが多く投稿されている。

PICK UP クチコミ

30代、管理職、年収は1700万円弱。年収＝月給＋標準賞与＋個人業績賞与＋会社業績賞与。これとは別に退職金、確定拠出年金（401k）など、給与以外のメリットも多くある（中途、事業開発、在籍5年未満）

第11位 日本銀行

1882年設立。日本唯一の中央銀行で、銀行券の発行とともに通貨及び金融の調節などを目的として運営されている法人。「予測」「年功序列」「職種」といったキーワードが多く投稿されている。

PICK UP クチコミ

企画役（管理職）に上がるまでは、考課は基本的に年次で決まるため、基本的には横並びと考えてよい。賞与も、中堅になれば多少の差はあるが、ほとんど差はつけない（新卒、特定職、在籍5～10年）

30代「年収アップ」幅が大きい企業トップ20

順位	企業名	業界	上場市場	昇給幅	30歳時点推定年収	40歳時点推定年収
1	**グーグル合同会社**	インターネット		819	1,284	2,103
2	**三菱商事株式会社**	総合商社	東証プライム	657	1,165	1,822
3	**PwCアドバイザリー合同会社**	証券会社、投資ファンド、投資関連		618	861	1,479
4	**シンプレクス株式会社**	SIer、ソフト開発、システム運用	東証プライム（★）	568	724	1,292
5	**株式会社電通**	広告代理店、PR、SP、デザイン	東証プライム（★）	514	900	1,414
6	**ブリティッシュ・アメリカン・タバコ・ジャパン合同会社**	その他メーカー・商社		513	525	1,038
7	**シスコシステムズ合同会社**	コンピュータ、通信機器、OA機器関連		484	985	1,469
8	**野村アセットマネジメント株式会社**	投信投資顧問		475	882	1,357
9	**株式会社常陽銀行**	銀行（都市・信託・政府系）、信金		452	474	926
10	**住友商事株式会社**	総合商社	東証プライム	429	1,111	1,540
11	**日本銀行**	銀行（都市・信託・政府系）、信金	東証所属部無し	416	628	1,044
12	**みずほ証券株式会社**	証券会社、投資ファンド、投資関連		412	681	1,093
13	**デロイト トーマツ コンサルティング合同会社**	コンサルティング、シンクタンク		411	845	1,256
14	**農林中央金庫**	銀行（都市・信託・政府系）、信金		409	740	1,149
15	**三井物産株式会社**	総合商社	東証プライム市場など上場	409	1,105	1,514
16	**丸紅株式会社**	総合商社	東証プライム	406	1,040	1,446
17	**株式会社みずほフィナンシャルグループ**	銀行（都市・信託・政府系）、信金	東証プライム	399	680	1,079
18	**PwCコンサルティング合同会社**	コンサルティング、シンクタンク		398	805	1,203
19	**アマゾン ウェブ サービス ジャパン合同会社** （旧：アマゾン ウェブ サービス ジャパン株式会社）	SIer、ソフト開発、システム運用		397	1,027	1,424
20	**関西電力株式会社**	電力、ガス、エネルギー	東証プライム	397	606	1,003

※「昇給幅」「30歳時点推定年収」「40歳時点推定年収」はいずれも「万円」。

※ランキングの評価点・クチコミ件数などは集計時点の数値となるため、「OpenWork」各企業ページで掲載している数値と異なる場合があります。

※集計期間に投稿があった対象データから、30歳・40歳時点の年収を推定するのに十分な投稿があり、且つ正社員による投稿が一定数以上集まった企業を集計対象としています（集計期間：2007年7月～2022年3月）。

※殿堂入り企業（COLUMN1を参照）は集計対象外としています。

※集計には“最新性”・“回答者数”・“乖離性”などを反映させています。

※★は持株会社である親会社が上場しており、該当企業が中核子会社であることを指します。

「30代年収アップ幅が大きい企業」の特徴

「30歳から40歳での年収上がり幅」で上位にランクインした企業には、どのような共通項があるかを分析していきたい。ランクインした各社の「年収・給与」に関して投稿されたクチコミや「年齢別年収データ」からは、いくつかの傾向が見えてきた。

ジャンプアップ昇給型vs.コツコツ昇給型vs.昇給年齢不問型

以前、弊社の別の調査（※2）で、企業の昇給パターンを考察したことがある。その結果、以下3つの昇給パターンに分類することができた。①ある年齢や一定の年次を境に平均年収が大幅にアップする傾向が見られる「ジャンプアップ昇給型」。②年齢・年次が上がるごとに平均年収も一定の割合で上昇していく「コツコツ昇給型」。③コツコツ型・ジャンプアップ型とも異なり、年齢と昇給幅の相関関係が少ない「昇給年齢不問型」。今回、30歳から40歳にかけて大きくジャンプアップした企業の多くは、①の「ジャンプアップ昇給型」に当てはまる。

ただ、注意しなくてはならないのが、ジャンプアップといっても1000万円から1500万円に昇給している企業もあれば、500万円から1000万円に昇給している企業もあるということだ。とくにランクインした金融業界の日系企業は「年功序列」というコメントが多く見られ、

Pick Up! 惜しくもランキングに入らなかった優良企業

株式会社西友

1963年設立。「『西友が身近にあるしあわせ』をめざして」を使命に、食料品や衣料品などを販売するスーパーマーケットやネットスーパーを経営する。OpenWork上の推定年収では30歳から40歳で371万円上昇している。

30歳前後までは「コツコツ昇給型」だが、その後急に「ジャンプアップ昇給型」となり、1000万円前後まで上がる特徴的な傾向がある。こういった企業は、福利厚生が充実していることも特徴的だ。

また、必ずしもジャンプアップ企業が良いかというとそんなことはなく、30歳でも40歳でも同じくらいの高年収帯の企業もある。「昇給年齢不問型」で、実力主義や歩合制の人事制度を導入している企業に多く見られる。

「最速だと32歳くらいで支店長代理になるが、そこまで行くと年収1000万円が見えてくる。社宅などもあり福利厚生もこれだけ充実している中で上記水準の収入を得られる企業はなかなかないと思う」（株式会社常陽銀行、営業、在籍5〜10年）

「20代であれば他行と比較し、給与水準に大きな差はない。年次が上がるにつれ、農林中金のほうが平均年収は高くなると思われる。また給与以外に福利厚生が手厚いことから、生活水準は手取り以上のものとなる」（農林中央金庫、営業、在籍5年未満）

会社の成長を楽しめる株式報酬付与型企業

また、ランクインした企業の中には、年収も高いが、さらに株式報酬を付与している企業も存在する。代表的なものはRSU（譲渡制限付き株式報酬）だ。

Pick Up! 惜しくもランキングに入らなかった優良企業

株式会社ディスコ

1937年創業。広島県呉市で創業した精密加工装置・加工ツールの製造・販売、メンテナンスやオペレーションなどの研修サービスを行う。東証プライム市場上場。OpenWork上の推定年収では30歳から40歳で360万円上昇している。

ＲＳＵとは、簡単に言えば「自社株を数年に分けてもらう権利」のことだ。海外の企業では、賞与の一部のように支給されるケースがあるが、日本でも少しずつ株式を報酬の１つとして付与する企業が増えてきている。今回はランク外であったが、未上場のベンチャー企業でＳＯ（ストックオプション）を付与する企業も多い。

　このように報酬の１つとして自社株を付与されると、会社が成長し企業価値が向上すればするほど自分の資産も増えることになる。アップサイドを狙いたい方は、単純な年収だけではなく、このような株式報酬の有無を確認することをおすすめする。

「基本給＋インセンティブがベース。これ以外には個人の業績などに応じてＲＳＵを付与される機会が年に１～２回あるのと、ＥＳＰＰ（Employee Stock Purchase Plan）と呼ばれる自社株買い制度がある」（シスコシステムズ合同会社、営業、在籍10年以上）

「基本給＋サインオンボーナス＋賞与＋ＲＳＵの４つで構成される。従業員自らが株価を上げてがんばれるよう、長く働くよう意図されている」（アマゾン ウェブ サービス ジャパン合同会社、営業、在籍５年未満）

（※２）OpenWork 働きがい研究所 調査レポート vol.96「年齢別年収で読み解く企業の給与レポート」２０２２年５月26日

Pick Up! 惜しくもランキングに入らなかった優良企業

日鉄物産株式会社

1977年創業。鉄鋼、産機・インフラ、繊維、食糧その他の商品の販売および輸出入業を営む。東証プライム市場上場。OpenWork上の推定年収では30歳から40歳で345万円上昇している。

「30代年収アップ幅が小さい企業」の特徴

「30歳から40歳での年収上がり幅」で下位にランクインした企業にもっとも多く見られた共通点は、「成果報酬型の営業職」が大多数を占める企業における年収の横ばい、および低下であった。

ある意味公平に評価されており、これ自体が悪いことだとは思わないが、一部の生命保険会社や家電量販店運営企業の営業職においては30歳から40歳にかけて年収が低下しているケースもあり、厳しいクチコミが投稿されていた。

一方で同じ企業・職種でも非常に高い年収となっているクチコミも散見されたため、単純に基本給が低く、インセンティブの変動幅が高い、ハイリスクハイリターン型の報酬体系とも捉えることができる。

そもそも年功序列制が機能しにくくなっている現在において、一概に「30歳から40歳での年収上がり幅」が高い会社がいいとは言えない。ただ、30歳以降も一定の年収アップを狙いたいのであれば、就職・転職の前に昇給可能性がどの程度あるかを調べておくべきだろう。職種によっても大きく異なるので、自身が希望する職種ごとに確認することを強くおすすめしたい。

Pick Up! 惜しくもランキングに入らなかった優良企業

MSD株式会社

医療用医薬品やワクチンを開発・輸入・製造・販売する企業で、アメリカに本社をおくメルク・アンド・カンパニーの日本法人。OpenWork上の推定年収では30歳から40歳で334万円上昇している。

CHAPTER 9

これが社員の「生の声」だ!

Good!

ライフステージに応じ
柔軟に働き方を選択でき、
専門性と成果は公平に評価してもらえる。
また、年齢やキャリアに関係なく、
市場で高く評価される専門性を
身につける環境が用意されている

「ベテラン」がすすめる超優良企業20社

——40代以上が自社をどれだけすすめるか

CHAPTER

9

POINT

「ベテランの活躍」が日本企業の将来を決める

このランキングでは、OpenWorkに投稿された社員クチコミのうち、投稿時に40歳以上であった方に限定し、「親しい人や家族への推奨度（推奨度スコア）」を集計した。

OpenWorkでは、「あなたはこの企業に就職・転職することを親しい友人や家族にどの程度すすめたいと思いますか？」という質問に0～10点で回答する「推奨度スコア」を取得している。こちらのスコアはOpenWork上では非公開としているが、本書では特別に集計し、ランキングを作成した。

ミドル・シニアの活躍は日本企業における宿命

人口が減少し続ける日本において、労働力の確保は企業にとって避けては通れない課題となっている。とくに若年層の比率が年々少なくなる中、ミドル・シニア人材の活躍に注目が集まっている。

○ Good!企業にありがちなコメント

働き方改革の進行とともに、労働時間短縮が実現。プライベートとのバランスのとりやすさは向上。コアタイムなしフレックスとテレワークの活用で、フレキシビリティが向上（味の素株式会社、事務、50歳以上）

若いころは仕事を覚えるのに必死だが、年数が経ってスキルが身についてくると、現場をはじめとする他部署も巻き込んで全体を見渡せるようになり、建物が竣工して施主に感謝されたときは感無量である（鹿島建設株式会社、設計、50歳以上）

一方で、すでに何度か取り上げたとおり、年功序列や終身雇用が一般的になっていた我が国においては、「ミドル・シニア人材がやる気なく居座っていること」を問題視するクチコミが多く投稿されている。しかし、専門性が高く、経験豊富なミドル・シニア人材が多いことも事実である。

経営者や人事部にとっては今後、若手や海外からの優秀人材の登用と同時に、ミドル・シニア人材の活躍をいかに促すかがポイントになるのではないだろうか。

またミドル・シニア層の方も、本当にミドル・シニア人材が活躍し、評価されている企業を探して選ぶことが求められるだろう。

投資家の立場からも、人的資本経営の1つのポイントとして、ミドル・シニア人材の活躍はチェックしておくべき点ではないだろうか。

×
Bad!企業にありがちなコメント

プライベートは調整しやすいが、プロジェクト次第ではある。基本的にゆるい。ただマネージャークラスになると、途端に厳しくなり、ほとんど休めていない人も散見される（SIer・ソフト開発・システム運用、開発、40歳以上）

テクノロジーや業務を遂行するためのインフラはかなり整っており、仕事はやりやすいが、部署内政治の色が濃すぎて、長く働き続けるのに疲れてしまう環境（証券会社・投資ファンド、ディレクター、40歳以上）

注目企業の概要

第2位 オートデスク株式会社

1985年設立。「AutoCAD」に代表される図面作成ソフトウェアを主に開発しているAutodeskの日本法人。「多方面」「業界」「ブランド」といったキーワードが多く投稿されている。

PICK UP クチコミ

確立されたセールスメソドロジー教育を頻繁に受講できるので、まじめにやれば方法論は熟知できる。これはその後の転職の際にも大きく役立つと思う（中途、営業、40歳以上）

第5位 株式会社島津製作所

1875年創業。分析・計測機器、産業機器、航空機器など幅広い分野を扱うメーカー。東証プライム市場上場。「分析」「全国」「ブランド」といったキーワードが多く投稿されている。

PICK UP クチコミ

産休育休から復職する人、パートナーの転勤の場合は特別休職ができ、復職後も周囲は休みや在宅に理解があります（部署によるかもしれませんが）（新卒、事務、50歳以上）

第17位 特許庁

1885年設立。発明、デザイン、商標などの知的創造の成果を保護・活用し、産業の発達に寄与することを目的とした産業財産権制度を所管している経済産業省の外局。「審査」「技術」「個人」といったキーワードが多く投稿されている。

PICK UP クチコミ

審査官として7年勤務すると、弁理士の資格を取得できるため、審査官を退官後のキャリアアップが図れるというメリットがあると思います（中途、審査官、40歳以上）

「ベテラン」がすすめる企業トップ20

順位	企業名	業界	上場市場	推奨度スコア
1	三井物産株式会社	総合商社	東証プライム市場など上場	7.80
2	オートデスク株式会社	SIer、ソフト開発、システム運用		7.67
3	株式会社商船三井	航空、鉄道、運輸、倉庫	東証プライム	7.60
4	ヤマハ株式会社	総合電機、家電、AV機器	東証プライム	7.59
5	株式会社島津製作所	半導体、電子、精密機器	東証プライム	7.57
6	株式会社アシスト	SIer、ソフト開発、システム運用		7.56
7	三菱商事株式会社	総合商社	東証プライム	7.54
8	サントリーホールディングス株式会社	食品、飲料		7.50
9	電源開発株式会社	電力、ガス、エネルギー	東証プライム	7.47
10	株式会社セールスフォース・ジャパン（旧：株式会社セールスフォース・ドットコム）	SIer、ソフト開発、システム運用		7.38
11	株式会社リクルートホールディングス	情報サービス、リサーチ	東証プライム	7.26
12	味の素株式会社	食品、飲料	東証プライム	7.23
13	中外製薬株式会社	医薬品、医療機器	東証プライム	7.22
14	シスコシステムズ合同会社	コンピュータ、通信機器、OA機器関連		7.16
15	アメリカン・エキスプレス・インターナショナル・インコーポレイテッド	クレジット、信販、リース		7.15
16	P&Gジャパン合同会社（旧：プロクター・アンド・ギャンブル・ジャパン株式会社）	日用品、化粧品		7.13
17	特許庁	官公庁		7.13
18	株式会社豊田自動織機	機械関連	東証プライム市場など上場	7.10
19	鹿島建設株式会社	建築、土木、設備工事	東証プライム市場など上場	7.08
20	日本マイクロソフト株式会社	SIer、ソフト開発、システム運用		7.07

※ランキングの評価点・クチコミ件数などは集計時点の数値となるため、「OpenWork」各企業ページで掲載している数値と異なる場合があります。

※集計期間に投稿があった対象データから、投稿時に40代以上だった方からの投稿が一定数以上集まった企業を集計対象としています（集計期間：2007年7月～2022年3月）。

※集計には“最新性”・“回答者数”・“乖離性”などを反映させています。

「ベテランがすすめる企業」の特徴

40代以上の社員から「推奨度スコア」の観点で高く評価されている企業のクチコミを見ていくと、ある2つの共通項が浮かび上がってきた。

「ジャングルジム型」のキャリアサポート

年齢を重ねれば重ねるほど、さまざまなライフイベントを迎えることになる。また、ライフイベントは画一的なものではなく、人それぞれ異なるものである。ミドル・シニア層が活躍している会社の特徴として、「働き方を柔軟に変えることができる」というコメントが多く見られた。日本企業のキャリアの積み方は「エスカレーター」にたとえられることがある。上へ上へと昇っていくだけで、途中で降りることができないのである。

しかし、40代以上の社員から高い評価を得ている会社の中には「ジャングルジム」と言えるようなキャリアのつくり方が可能なように感じた。上へ昇るだけでなく、水平移動したり、ときには下へ降りたりと、目的地に向け自由に動くことができる。

「ワーク・ライフ・バランスは良く、ライフステージに応じた制度も整っており、働きやすい。

Pick Up! 惜しくもランキングに入らなかった優良企業

株式会社神奈川ナブコ

1965年設立。国内の自動ドアで50%のトップシェアを誇る「NABCO」の販売・施工会社で、自動ドア販売・保守・ステンレス建材などを取り扱う。「業界」「シェアNo.1」「メンテナンス」といったキーワードが多く投稿されている。

最近は女性社員も多く、疎外感はない模様。さらに、転勤にも配慮されているのが実態」（電源開発株式会社、技術、50歳以上）

「本人の意識次第で、キャリアを積むことは可能です。ポジションに性差はないと思います。産休、育休、復職などかなり充実していると思います」（ヤマハ株式会社、マーケティング、40歳以上）

「女性社員の人数も多く、出産後復帰して働く人も多い。一般的日本企業としては、メーカーという業界の特性もあると思うが良い環境であると思う」（サントリーホールディングス株式会社、調達、40歳以上）

年齢に関係なくプロフェッショナル性を磨ける環境

40歳を超えてなおモチベーション高く仕事に取り組んでいる方のコメントとして「プロフェッショナル性を磨ける環境」が散見された。新人、若手に対して人材育成やオンボーディングプログラムが用意されている企業は多いが、40代以上に高く評価されている企業は「年齢に関係なく自身の市場価値向上につながる機会が多い」とされていることがわかった。

ミドル・シニアの活躍に向けては、バックグラウンドに関係なく市場で広く活用できるプロフ

Pick Up! 惜しくもランキングに入らなかった優良企業

トヨタ車体株式会社

1945年設立。トヨタ自動車の完全子会社でトヨタ車の企画・開発・生産を行う日本の自動車メーカー。「チームワーク」「車種」「現物」といったキーワードが多く投稿されている。

ェッショナルスキルを磨くことができたり、リスキリングできたりする環境が重要だということだろう。

「IT全般の知識を身につけながらセールススキルを養うには、とても良い環境かと思います。外資ソフトウェア企業の日本進出時に、よく転職されている方がいました。データベースエンジニアは、相当なキャリアになるかと思います」（株式会社アシスト、セールスエンジニア、40歳以上）

「中途採用でもしっかりとしたトレーニングが受けられる体制がある。チームによるが各国の同部門の同僚たちとのやり取りも頻繁で、視野も広がる。リーダーシップ育成プログラムを受けられる機会がある。社内のポストが空けば、海外オフィスのポストにも応募できる」（アメリカン・エキスプレス・インターナショナル・インコーポレイテッド、オペレーション、40歳以上）

Pick Up! 惜しくもランキングに入らなかった優良企業

デュポン株式会社

1993年設立。アメリカに本社を置く、化学メーカーの中で世界第4位の規模を誇る企業の日本法人。自動車など輸送関連機器、エレクトロニクス素材関連など幅広い分野に素材や技術を提供。「グローバル」「ブランド」「規模」といったキーワードが多く投稿されている。

「ベテランがすすめない企業」の特徴

1つ特徴的だったのは、40代以上社員の「推奨度スコア」は総じて高いということだ。クチコミを見ると辛辣なコメントも多いが、それでも推奨度スコアは高い。会社や職場・仕事には不満があるが、ミドル・シニアにとっては居心地の良い会社が一般的には多いのかもしれない。

全体的に高止まりする40代以上推奨度スコアだが、その中でも低評価者のクチコミに共通するキーワードが「昇格・昇進するほど激務」「社内政治」だ。

「昇格・昇進するほど激務」というキーワードは「激務に堪えられる限られた人材しか評価されない」というコメントとセットで投稿されていた。ダイバーシティの観点が薄い可能性が高い。

「社内政治」というキーワードはそのままだが、「自分の仕事に集中することができない」「無駄な根回しが多い」といったコメントとセットで投稿されていた。年齢が上がり、役職も上がるにつれて社内政治に巻き込まれる方が多いのかもしれない。

投資家にとっては、こういった企業は、環境適応能力が低かったり、人材獲得競争に負け始めるリスクがあるので、気をつけたほうがよいだろう。

また、40代以上の方には、前述の観点を意識した上で転職先を探すことを強くおすすめしたい。

Pick Up! 惜しくもランキングに入らなかった優良企業

小林製薬株式会社

1919年設立。「あったらいいなをカタチにする」をブランドスローガンとして、医薬品以外にも「消臭元」などを筆頭とする衛生雑貨の企画・製造・販売を行う。東証プライム市場上場。「広告」「ニッチ」「スピード」といったキーワードが多く投稿されている。

CHAPTER 10

これが社員の「生の声」だ！

Good!

入社前から、この会社・職種で
働くこと自体が
自分自身の市場価値を高め、
セカンドキャリアにつながると聞いていた。
実際に高い専門性や人間力が身につき、
今でもこの会社で働けたことを感謝している

「退職者」に愛される超優良企業20社

――「退職者＝将来の社員候補」が当たり前に

CHAPTER 10 POINT

「退職者からの評価」が二極化しているわけ

このランキングでは、OpenWork に投稿された社員クチコミのうち「退職者」による評価に限定し、「退職者からの評価が高い企業」を集計した。退職者から「辞めることを選択したけれども良い会社だった」と評価される企業には、どのような特徴があるのかを紹介したい。

一般的に、「退職」という言葉を聞くとネガティブなイメージがある。事実、OpenWork に寄せられる退職者のクチコミを見ると、辛辣な退職理由が散見される。「経営者が信頼できない」「事業の将来性がないと感じた」「成長できる環境がまったくなかった」といったものが代表的なコメントだ。

しかしながら意外にも、辛辣なコメントと同じくらい、退職者からはポジティブなコメントも寄せられている。「今でも好きな会社」「この会社でキャリアを積めて良かった」「今後も応援している」といったものが代表的なコメントだ。退職してもなお愛される会社と、退職者から憎まれている会社とに二極化し始めている。

○ Good!企業にありがちなコメント

やりたいことにはどんどんチャレンジしようという風土があり、若いときの成長環境として最適と考えている。出戻りもできることは本当にいい会社である（株式会社リクルート、経理、退社済み）

従業員の将来のキャリア、働きやすさ、プロダクトの社会貢献性、ダイバーシティへの配慮、給与、昇給率。どの部分をとっても非常に満足度が高いように感じられた。仮にまた働きたくなったら、ポストが残っていればこの会社で働きたい（グーグル合同会社、エンジニア、退社済み）

「退職者＝裏切り者」は旧時代的

では、退職者からの評価はなぜ二極化しているのか。明暗を分けているのは「退職者への企業の向き合い方」だ。

昨今、キャリア観の変化や大企業における早期退職制度の活性化による不安も伴い、転職前提での就職活動がスタンダードになりつつある。日本経済新聞社が行った就活生への調査（※1）によると、転職を前提として就活をしている学生は約4割。約3割の方が5年以内に転職を考えており、新卒入社した4月に転職サイトに登録する新入社員も年々増えている（※2）。

終身雇用が前提だった時代、「退職者＝裏切り者」と見なす企業が多かったが、人材の流動化が今後より高まっていく中では「退職者＝貴重な将来の社員候補」と捉える企業が増えている。とくに大手企業を中心に、アルムナイネットワーク（退職者向けのコミュニティ）を構築するなど、退職者との関係性を見直す動きが出てきた結果、退職者からも高い評価を受ける企業が増えているのである。仕事探しの際は、退職者からも愛されている会社を選ぶことをおすすめしたい。

（※1）「転職前提が4割『大手も安心できない』就活生独自調査」『日本経済新聞』２０２１年2月28日
（※2）パーソルキャリア株式会社「新卒入社直後のｄｏｄａ登録動向」２０２１年5月24日

「退職者」に愛される企業トップ20は？

Bad!企業にありがちなコメント

中2階どころか、1階と2階の間に10階くらいフロアがあるような感じで、中間管理層・関連部署が毎年増えていっている。結局は根回しがうまく世渡りがうまい人が経営層からも中間管理層からも重宝され昇進していく文化（製造業、情報、退社済み）
組織体制としては、どうしても昔気質なところがあった。人材の成長と企業の成長とは反比例しているように思えた（人材サービス業、ディレクター、退社済み）

注目企業の概要

第3位　味の素株式会社

1909年創業。100以上の国・地域へと製品展開している食品企業。東証プライム市場上場。「グローバル」「技術力」「ワーク・ライフ・バランスの改善」といったキーワードが多く投稿されている。

PICK UP クチコミ

事業領域が広く、また、製造、研究、販売とさまざまな職種の人たちがおり、深みのある会社であった。そのため社内の交流のみでも常に刺激を受けることができた（事務系、在籍20年以上、退社済み）

第12位　千代田化工建設株式会社

1948年設立。プラントの設計・調達・建設を中心とした世界に展開する総合エンジニアリング企業。東証スタンダード市場上場。「大規模プロジェクト」「裁量の大きさ」「いい人」といったキーワードが多く投稿されている。

PICK UP クチコミ

プライベートで会うといい人がおしなべて多いです。出戻りOKのフラットさと部署の異動に否定的なセクショナリズムが混在しています（技術、在籍3年未満、退社済み）

第19位　キャセイパシフィック航空会社

1946年設立。香港国際空港をベースとする航空会社。航空会社では本ランキングに唯一ランクインした企業。「ワーク・ライフ・バランス」「ダイバーシティ」「風通しの良さ」といったキーワードが多く投稿されている。

PICK UP クチコミ

企業文化は和気あいあいです。上下関係はあまりないです。外資系ならではだと思います。みんなフレンドリーな方が多いですし、お互いをリスペクトしながら働いています（CA、在籍3～5年、退社済み）

「退職者」に愛される企業トップ20

順位	企業名	業界	上場市場	総合評価
1	**グーグル合同会社**	インターネット		4.5185
2	**株式会社リクルート**	情報サービス、リサーチ	東証プライム(★)	4.3093
3	**味の素株式会社**	食品、飲料	東証プライム	4.2411
4	**スターバックス コーヒー ジャパン株式会社**	フードサービス、飲食		4.1654
5	**P&Gジャパン合同会社** (旧:プロクター・アンド・ギャンブル・ジャパン株式会社)	日用品、化粧品		4.1611
6	**日本マイクロソフト株式会社**	SIer、ソフト開発、システム運用		4.1424
7	**株式会社キーエンス**	半導体、電子、精密機器	東証プライム	4.1262
8	**プルデンシャル生命保険株式会社**	生命保険、損害保険		4.1261
9	**株式会社博報堂**	広告代理店	東証プライム(★)	4.1137
10	**ソニーグループ株式会社** (旧:ソニー株式会社)	総合電機、家電、AV機器	東証プライム	4.0908
11	**ゴールドマン・サックス証券株式会社**	証券会社、投資ファンド、投資関連		4.0907
12	**千代田化工建設株式会社**	重電、産業用電気機器、プラント関連	東証スタンダード	4.0902
13	**三井物産株式会社**	総合商社	東証プライム市場など上場	4.0853
14	**アマゾン ウェブ サービス ジャパン合同会社** (旧:アマゾン ウェブ サービス ジャパン株式会社)	SIer、ソフト開発、システム運用		4.0626
15	**三菱商事株式会社**	総合商社	東証プライム	4.0592
16	**株式会社ディー・エヌ・エー(DeNA)**	インターネット	東証プライム	4.0508
17	**フューチャーアーキテクト株式会社**	SIer、ソフト開発、システム運用	東証プライム(★)	4.0437
18	**シンプレクス株式会社**	SIer、ソフト開発、システム運用	東証プライム(★)	4.0417
19	**キャセイパシフィック航空会社**	航空、鉄道、運輸、倉庫		4.0065
20	**株式会社セールスフォース・ジャパン** (旧:株式会社セールスフォース・ドットコム)	SIer、ソフト開発、システム運用		4.0010

※ランキングの評価点・クチコミ件数などは集計時点の数値となるため、「OpenWork」各企業ページで掲載している数値と異なる場合があります。

※集計期間に投稿があった対象データから、2018年以降に退職者からの投稿が一定数以上集まった企業を集計対象としています(集計期間:2018年1月～2022年3月)。

※集計には"最新性"・"回答者数"・"乖離性"などを反映させています。

※★は持株会社である親会社が上場しており、該当企業が中核子会社であることを指します。

「退職者に愛される企業」の特徴

退職者から高く評価されている企業には、どのような共通項があるかを分析していきたい。ランクインした各社の退職者のクチコミを見ていくと、大きく2つの共通項が浮かび上がってきた。

入社時のマインドセットがそもそも違う「ポジティブ退職」ケース

ランクインした企業の「入社理由」の社員クチコミを見ていくと、自身の長期的なキャリアの通過点としてその企業を捉えている声が、とくに外資系企業で多く見られた。自身が求める成長を得られ、次のステップに進むための「ポジティブな退職」であることが、退職後の高評価につながっているのかもしれない。

「（入社理由）最高の環境で働いてみたいと思ったから。働く人のIQやEQも高く、世界をリードするような会社で働くことが自分の社会的な価値向上やスキルアップにもつながると考えたから」（グーグル合同会社、事業企画、退社済み）

「（入社理由）キャリア形成上、早い段階で専門性を身につけて、ポータブルスキルを習得する

Pick Up! 惜しくもランキングに入らなかった優良企業

JICAボランティア（海外協力隊）

日本政府のODA予算により、独立行政法人国際協力機構（JICA）が実施する事業の1つ。JICAとは別で社員クチコミが集まっており、現職者だけでなく退職者からも高い評価を得られている。「海外」「2年」「現場」といったキーワードが多く投稿されている。

ことが必要と感じたため。また、この会社のマーケティング職は全世界的に市場価値が高く、5年やればポータブルスキルが身につくと言われたため」（P&Gジャパン合同会社、マーケティング、退社済み）

「どこの外資系でもそうだと思うが、この部署、と決めて入社してその部署で専門性を身につけられるので、専門職として食っていくための基礎ができた。5年以上ゴールドマンで働いていれば、転職活動の際に『ゴールドマンで◯年働いていた』という経歴が、きちんと働ける人材であることの証明になっているように感じる。転職後も、別の業界で同じ専門職の職種で働いている」（ゴールドマン・サックス証券株式会社、バックオフィス、退社済み）

出戻りOKや風通しの良さも愛されポイントの1つ

アルムナイネットワークや、出戻りの実績、それらを支える風通しの良さも、退職者から愛される上でのポイントのようだ。退職してもなお接点を持ち続けられることが、企業への評価や愛着心を高めているというクチコミが散見された。

退職者もステークホルダーの1人であり、人材の流動性が高まるであろうこれからの日本においては貴重な即戦力になる可能性がある。求職者サイドも、退職者を大切にする文化のある企業を選ぶことが、キャリアの選択肢を増やすことにつながるだろう。

Pick Up! 惜しくもランキングに入らなかった優良企業

デロイト トーマツ税理士法人

2002年設立。全世界150カ国・地域を超えるグローバルネットワークを活用し、日本全国に展開する大手税理士法人。「専門性」「風通し」「Big4」といったキーワードが多く投稿されている。

「次のチャレンジを目指しての前向きな退職。出戻り文化が強い。自分に付加価値がついたときには以前の条件よりかなり良い状態で再雇用される」（日本マイクロソフト株式会社、コンサルタント、退社済み）

「個人個人に裁量が与えられており、ある程度自由に仕事ができる環境にある。その分アウトプットを求められることになるが、チャレンジした際には許容される傾向がある。人材の流動性があるので、総じて組織風土が悪い方向に固着化することはないと感じる。社内で転職する知り合いも多く、行動を起こす人は好きなことができる環境にある」（ソニーグループ株式会社、研究、退社済み）

「1人ひとりの平均的な能力が高く、モチベーションも高い。いわゆる日系大手企業にときどきいる働かないおじさんのような存在はまったくと言ってもいいほどいない。このため、不毛な社内政治であったり社内調整のようなところには、ほとんどエネルギーを取られずにすむ」（株式会社ディー・エヌ・エー、エンジニア、退社済み）

Pick Up! 惜しくもランキングに入らなかった優良企業

キリンビール株式会社

ビールや発泡酒などを製造する事業会社。持株会社であるキリンホールディングス株式会社は東証プライム市場上場。「ブランド」「安定」「キャリア」といったキーワードが多く投稿されている。

「退職者に愛されない企業」の特徴

「現職者からの評価は高いが、退職者からの評価は低い企業」、すなわち現職者と退職者で評価が二分している会社の低評価の理由は、「独自の風土が合わなかった」「ぬるま湯環境で、このままではまずいと思った」「スピード感が速くついていけなかった」などさまざまであった。

一方で、こういったクチコミが投稿されている企業の現職者のクチコミを見ると「他社にはない独自の風土が魅力」「安定しており、確実に昇給していく」「意思決定が早く、ストレスがない」と、同じ現象をポジティブに捉えている方が目立った。コインの裏表のように、企業の良し悪しも人によって異なるのである。

これらのことからわかるのは、特徴的な会社ほど好き嫌いが分かれるため、事前の確認が必要だということだ。しかし、会社の実態を正しく教えてくれる企業は少なく、結果として入社後にギャップを感じ、退職につながっているのかもしれない。

今後、離職率など、さまざまな組織情報の開示が加速していくことを考えると、企業側も未然にミスマッチを防ぎ、退職者からも愛される会社をつくる必要があるだろう。

また、人は自分が思っているほど自分のことを理解していない。こういったミスマッチを防ぐためにも、働く上で自身が大切にしたいものを明確化してから、就職先を探す必要がある。

Pick Up! 惜しくもランキングに入らなかった優良企業

ギャップジャパン株式会社

1994年設立。アメリカのサンフランシスコに本社をおく衣料品小売店の日本支社。「ブランド」「アメリカ」「ビジョン」といったキーワードが多く投稿されている。

COLUMN 3

「社員クチコミ」は投資判断に使える

——最新研究紹介

本書のランキングの一部は、投資家の方にとっても参考にしてもらえるよう作成した。

OpenWorkの社員クチコミデータは、企業の将来の業績や株価と関係があることが研究で明らかにされている。本コラムでは、最新の研究論文をできるだけわかりやすく噛み砕いて紹介したい。

紹介する論文は、一般社団法人 日本金融・証券計量・工学学会が刊行している『ジャフィー・ジャーナル』の19巻（2021年）に掲載された「従業員口コミを用いた働きがいと働きやすさの企業業績との関係（西家宏典・長尾智晴）」だ。論文は公開されているので、興味ある方は原文を読むことをおすすめしたい。

先に論文の結論からお伝えしたいと思う。OpenWorkに投稿された社員クチコミと、旧東証一部・二部上場企業の企業財務データおよび株価・時価総額データの関連性を分析した結果、左図のような結果が論文では報告されている。

各指標について、わかりにくい用語のみ簡単に説明しておきたい。

まず、「働きがい」「働きやすさ」について。「働きがい」スコアは、OpenWorkに投稿された「働きがい・成長」に関する定性クチコミをＡＩによってスコア化することで生成している。同じように、「働きやすさ」スコアは、「ワーク・ライフ・バランス」「女性の働きやすさ」に関する定性クチコミをＡＩによって生成した。

ＲＯＥはReturn On Equityの略称で、自己資本利益率のことを表す。自己資本に対する経営の効率性を示しており、わかりやすくいえば「対象企業の株に投資したらどれだけ利益を効率よく得られるか」という指標だ。

サステイナブル成長率は「企業の利益がどの程度、内部投資にまわるかの比率」と捉えていただいて構わない。

用語説明をした上で、この結果をまとめると、以下のようになる。

働きがい・働きやすさと企業財務・株価との関連性概念図

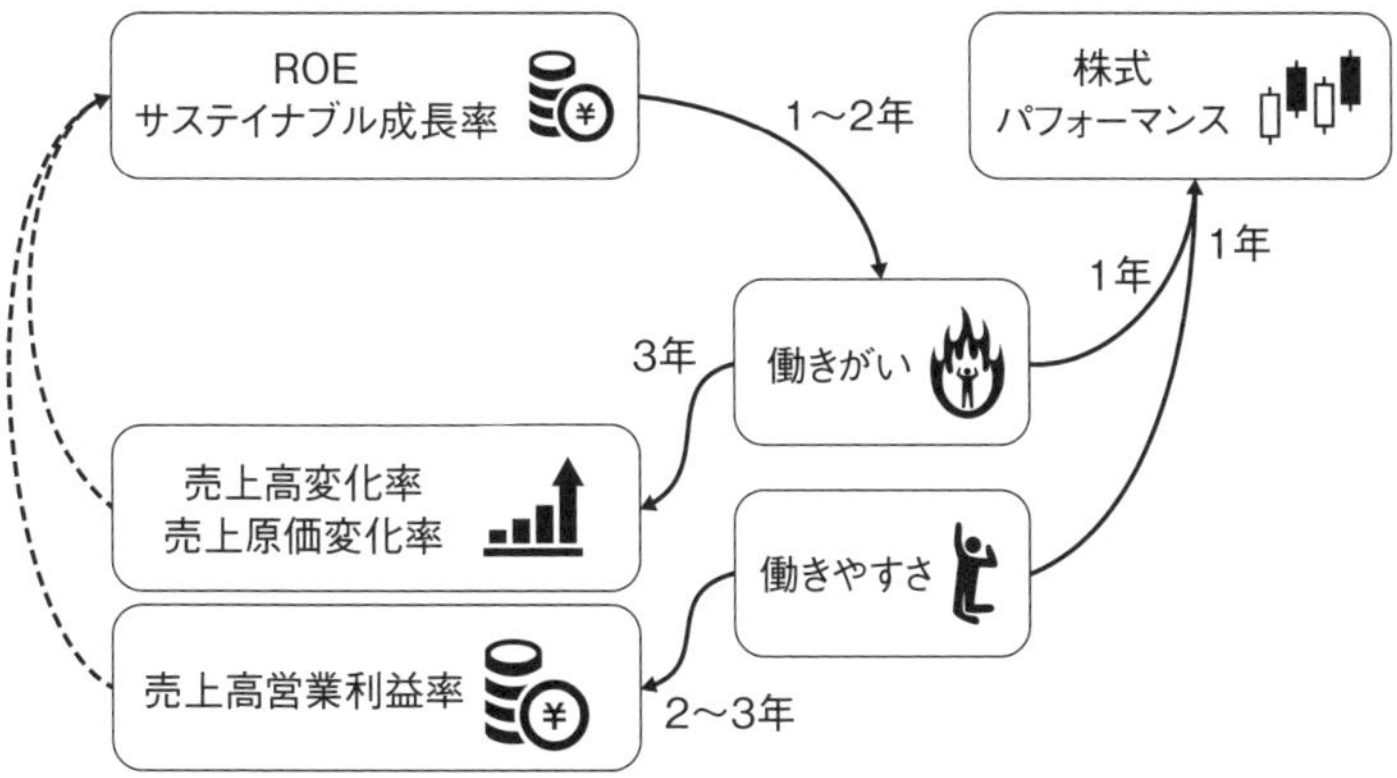

出所：西家宏典・長尾智晴「従業員口コミを用いた働きがいと働きやすさの企業業績との関係」（『ジャフィー・ジャーナル』19巻、一般社団法人 日本金融・証券計量・工学学会、2021年）よりOpenWork作成。

・「働きがい」の改善は、3年の遅効性をもって企業の成長性にプラスの影響を及ぼす

・「働きやすさ」の改善は、2〜3年の遅効性をもって企業の収益性にプラスの影響を及ぼす

・企業のサステイナブル成長率は、1〜2年の遅効性をもって「働きがい」にプラスの影響を及ぼす

・「働きがい」「働きやすさ」は、1年の遅効性をもって「株式パフォーマンス」にプラスの影響を及ぼす

また、定性クチコミから作成した「働きがい」スコア、「働きやすさ」スコアが、定量評価とどのような相関があるかを調査したのが下の図表である。

上記2つの結果より、以下のことがいえる。

・「社員の士気」「20代成長環境」「人事評価の適正感」は「働きがい」スコアと一定の相関関係があり、企

働きがい・働きやすさと定量評価の相関関係一覧表

	「働きがい」との相関係数	「働きやすさ」との相関関係
待遇面の満足度	0.034	0.222
社員の士気	0.502	0.031
風通しの良さ	0.211	0.350
社員の相互尊重	0.324	0.191
20代成長環境	0.440	−0.045
人材の長期育成	0.103	0.223
法令順守意識	−0.140	0.495
人事評価の適正感	0.514	−0.105
平均残業時間の少なさ	0.256	−0.518
有給休暇消化率の高さ	−0.198	0.631

出所：クレジット・プライシング・コーポレーション（CPC）のアナリスト、西家宏典氏が作成。

一般的に、±0.7以上：強い相関がある、±0.4〜0.7：相関がある、±0.2〜0.4：弱い相関がある、±0〜0.2：ほとんど相関がない、とされる。

マイナスの場合は負の相関で、たとえば平均残業時間が少ないほうが働きやすくなるということを示している。

業の成長性にもつながる可能性がある（次点で「社員の相互尊重」も）

・「法令順守意識」「平均残業時間の少なさ」「有給休暇消化率の高さ」は「働きやすさ」スコアと一定の相関関係があり、企業の収益性にもつながる可能性がある（次点で「風通しの良さ」も）

これらの結果に従い、PART2、PART3の一部では、企業の成長性や収益性、また株式パフォーマンスにつながる可能性のある指標に絞り、ランキングを作成した。目に見える財務指標だけではなく、人材や組織・ガバナンスといった目に見えない非財務指標や人的資本を、投資材料の1つとして使ってみてはいかがだろうか。

PART 4

職種別のクチコミでわかる超優良企業60社

The very best companies
found by
analysing 13,000,000 reviews.

CHAPTER 11

これが社員の「生の声」だ！

Good!

自分が手掛けた案件が
社会を良くしていると感じることが
できたとき、やりがいを感じる。
また、商品や営業システムも常に改善される。
さらに、やればやるほど報酬が上がる。
明確な人事制度もモチベーションにつながる

「営業職」が選んだ超優良企業20社

——「商材」だけでなく「組織の状態」もカギに

CHAPTER 11 POINT

営業の「DX化」「分業化」が評価を分ける

このランキングでは、OpenWorkに投稿された社員クチコミのうち「営業職」による評価に限定し、CHAPTER1で説明した「総合評価」を集計した。企業の業績を支えている営業職から評価される企業にはどのような特徴があるのかを紹介したい。

OpenWorkではクチコミと同時に、職種も回答してもらう。その職種名から営業職に該当するものを集計した。営業職の例としては、「営業」「販売」「法人営業」「MR（医療情報担当者）」「個人営業」「海外営業」「リテール営業」「渉外」「プリセールス」「ルートセールス」「インサイドセールス」「窓口営業」「技術営業」といった職種名が挙げられる。営業といっても、対象・業界・プロセスによって異なり、多くの職種が存在する。

商材・商品だけでなく、営業組織の状態で企業選択を

McKinsey & Companyが2021年に公開したレポート（※1）によれば、日本では多くの業界で、営業活動の生産性が低くなっていると報告されている。

○ Good!企業にありがちなコメント

秘匿性が高く、非常に大規模かつ社会的意義のある案件が多い。その中で自らの意思・意見を反映させられること、その効果を検証できることが働きがいとなっている（株式会社電通国際情報サービス、営業、在籍5年未満）

自分のやってきたことがすべて数字でかえってくるので、自分にベクトルを向けて一生懸命努力できる人は他では味わうことのできない成長を感じられる（プルデンシャル生命保険株式会社、営業、在籍5年未満）

本レポートによれば、「不明瞭な責任分担」「お客様第一主義文化に起因した非効率性」「新規成長領域へのリソース振り向け不足」「顧客対応以外に時間をかけすぎていること」「デジタル化の遅れ」「負のインセンティブ構造」「ガバナンス不足による経費削減の遅れ」が他国に比べ営業職の生産性を下げている要因だという。実際に営業職からの評価が低い企業のクチコミを見ていくと、そのとおりのコメントが散見された。

そのような中、営業のDX化や分業化などを推進する企業も増えており、営業職から高く評価される企業と低く評価される企業に二分される結果となった。企業の業績につながる根源的な職種ともいえる営業職から選ばれる企業・職場をつくることは、言わずもがなの重要な経営課題だ。

また、営業職としてキャリアをこれから積もうとしている方に強くおすすめしたいのが、「商材だけでなく、組織の状態も考慮して就職先を選ぶこと」である。上記のように、営業生産性の低い企業・職場は商材だけでなく、組織にも課題がある。そういった企業を選ばないことも就職・転職時には大切と言えるだろう。

（※1）McKinsey & Company「日本の営業生産性はなぜ低いのか」2021年2月

✕ Bad!企業にありがちなコメント

競合がクラウド系のシステムやAIを使用した製品の研究に力を入れているのに対し、いまだにそのような開発が進んでおらず、他社との差別化ができない（SIer・ソフト開発・システム運用、営業、在籍5〜10年）

本社は強い立場からさまざまな指示をしてきますが、現場の営業には不満が募ることや、時代にそぐわない泥臭い営業体制を強います。おそらく営業をしたことのない者が長く本社に勤務されているため、現場の声が伝わらず、相違があるのだと思います（住宅業界、営業、在籍5年未満）

注目企業の概要

第1位　株式会社セールスフォース・ジャパン

2000年設立。マーケティング、営業、コマース、サービスなどすべての部署で情報を共有できる統合CRMプラットフォームを運営するアメリカ企業の日本法人。「グローバル」「オハナ（家族を意味するハワイ語。セールスフォースの標語）」「文化」といったキーワードが多く投稿されている。

PICK UP クチコミ

日々の業務を自社ソリューション上で行っていて、その1つひとつのログやコミュニケーションが社内の共有ノウハウとして残るので、チームメイトや過去の先輩方の知見を吸収できます（中途、営業、在籍5年未満）

第6位　第一三共株式会社

2005年設立。「ロキソニンS」などを中心に医薬品の開発・製造・販売を行う大手製薬会社。東証プライム市場上場。「研修制度」「コンプライアンス」「チーム」といったキーワードが多く投稿されている。

PICK UP クチコミ

研修制度は業界トップクラスと感じる。顧客のことを考えた研修をずいぶん前から実施しており、押し売りにならない、企業評価を得やすい活動をサポートしてくれている（新卒、営業、在籍10年以上）

第15位　株式会社コスモスイニシア

1969年設立。レジデンシャル事業、不動産の開発・仲介・賃貸管理などを行うソリューション事業、アパートメントホテルに関する宿泊事業を展開する。東証スタンダード市場上場。「風通し」「体育会系」「元リクルート」といったキーワードが多く投稿されている。

PICK UP クチコミ

1年目から億単位のプロジェクトを担当でき、自分で意思決定をしなければいけない場面が多々ある点において裁量権があると感じられる（新卒、営業、在籍5～10年）

「営業職」が選んだ企業トップ20

順位	企業名	業界	上場市場	総合評価
1	株式会社セールスフォース・ジャパン （旧：株式会社セールスフォース・ドットコム）	SIer、ソフト開発、システム運用		4.6659
2	グーグル合同会社	インターネット		4.6430
3	株式会社ISSリアライズ （旧：井上特殊鋼株式会社）	鉄鋼、非鉄金属		4.5481
4	プルデンシャル生命保険株式会社	生命保険、損害保険		4.5150
5	P&Gジャパン合同会社 （旧：プロクター・アンド・ギャンブル・ジャパン株式会社）	日用品、化粧品		4.5125
6	第一三共株式会社	医薬品、医療機器	東証プライム	4.4848
7	株式会社リクルート	情報サービス、リサーチ	東証プライム（★）	4.4814
8	旭化成株式会社	化学、石油、ガラス、セラミック	東証プライム	4.4515
9	サントリーホールディングス株式会社	食品、飲料		4.4492
10	中外製薬株式会社	医薬品、医療機器	東証プライム	4.4217
11	シスコシステムズ合同会社	コンピュータ、通信機器、OA機器関連		4.3469
12	アマゾン ウェブ サービス ジャパン合同会社 （旧：アマゾン ウェブ サービス ジャパン株式会社）	SIer、ソフト開発、システム運用		4.3296
13	三菱商事株式会社	総合商社	東証プライム	4.3146
14	伊藤忠商事株式会社	総合商社	東証プライム	4.3138
15	株式会社コスモスイニシア	不動産関連、住宅	東証スタンダード	4.2999
16	ソニーグループ株式会社 （旧：ソニー株式会社）	総合電機、家電、AV機器	東証プライム	4.2975
17	三井物産株式会社	総合商社	東証プライム市場など上場	4.2696
18	株式会社電通国際情報サービス	SIer、ソフト開発、システム運用	東証プライム	4.2634
19	株式会社LIFULL	情報サービス、リサーチ	東証プライム	4.2476
20	株式会社エフアンドエム	コールセンター、業務請負	東証スタンダード	4.2403

※ランキングの評価点・クチコミ件数などは集計時点の数値となるため、「OpenWork」各企業ページで掲載している数値と異なる場合があります。

※集計期間に投稿があった対象データから、営業職（営業、販売、MRなど）の投稿に限定し、一定数以上集まった企業を集計対象としています（集計期間：2007年7月～2022年3月）。

※集計には“最新性”・“回答者数”・“乖離性”などを反映させています。

※★は持株会社である親会社が上場しており、該当企業が中核子会社であることを指します。

「営業職が選んだ企業」の特徴

ランクインした各社のクチコミから「営業職」に絞って見ていくと、ある2つの共通項が浮かび上がってきた。

明確なインセンティブ構造

1点目の共通点は、「明確なインセンティブルールの設計」だ。営業職として出した成果が、明確なルールのもとインセンティブに跳ね返ってくるというシンプルな共通点だ。また、その変動比率は大きく、頑張れば頑張るほど大きな報酬が獲得できる可能性があることがポイントになっているようだった。

トップ5のうち4社が外資系ということからもわかるとおり、この共通点は外資系で多く見られたが、株式会社ISSリアライズのように日系企業でも一定数見られたことは強調したい。

「営業は基本給＋四半期ごとの達成度に応じたボーナス（年4回）＋ストックオプション＋αで総支給額が決まります」（グーグル合同会社、営業、在籍5～10年）

Pick Up! 惜しくもランキングに入らなかった優良企業

株式会社キーエンス

1974年設立。センサ、変位計、画像処理、バーコードなどの開発および開発製造販売を世界46カ国230拠点で展開する。東証プライム市場上場。「目標」「効率」「ロジカル」といったキーワードが多く投稿されている。

「毎年各自の粗利の目標を設定し、達成率に応じて昇進のスピードが変わる。新規開拓で獲得した粗利の10％が次のボーナスに加算される。3年間10万円まで、外部の講座受講や資格取得等に使えるポイントをもらえ、資格手当も充実している」（株式会社ISSリアライズ、営業、在籍5～10年）

「職務により基本給が決まる。営業は年間予算の売上達成率に応じたインセンティブが支払われる」（シスコシステムズ合同会社、営業、在籍10年以上）

社会への貢献感

2点目の共通点は、「社会への貢献感」だ。

すべての仕事は誰かの何かの役に立っており、その対価としてお金が支払われているわけなので、どの仕事でも貢献感は得られるものである。しかしそのなかでも、ランクインしているいくつかの企業は、営業として手掛けた案件が実際に世の中で注目されたり、多くの人に感謝される姿を見ることがあるようだ。

自身の仕事が確実に社会の役に立っていると感じられることは、営業としての醍醐味の1つであり、営業職の満足度を高めることにつながるのであろう。顧客や消費者に比較的近い職種であることが、このような結果をもたらしていると考えられる。

逆に言えば、顧客や消費者から遠くなってしまう業界の営業においては、顧客や消費者の声を

Pick Up! 惜しくもランキングに入らなかった優良企業

株式会社メディックス

1984年設立。デジタルマーケティングの“あらゆること”を相談できることを強みに広告・プロモーションやクリエイティブ設計・制作を行う。「新卒」「顧客」「誠実」といったキーワードが多く投稿されている。

届ける努力をする必要があるだろう。

「自分の活動が人々のいのちと暮らしに貢献していることを感じられる。社会問題の解決の一助になっていることが実感できる。若くして大きなミッション、役割に携われる」（旭化成株式会社、営業、在籍10年以上）

「金額規模や人々に与えるインパクトの大きい案件に携わるチャンスは多い。また、社名は海外においても知名度が高く、各国の要人などとも比較的簡単につながりをもつことができる。そういった人々と連携しながらダイナミックな案件を推進していく際は、まさに日本を代表しているというやりがい、使命感を持って働くことができる」（三菱商事株式会社、営業、在籍5～10年）

「自分が携わったことが、目に見える形で社会にうつる。これはやりがいのある仕事であり、働きがいを感じる」（ソニーグループ株式会社、営業、在籍10年以上）

Pick Up! 惜しくもランキングに入らなかった優良企業

シュナイダーエレクトリックホールディングス株式会社

1975年設立。製品、制御、ソフトウェア、サービスを接続するクラウド統合のエンドポイントを提供する世界的な電気機器・産業機器メーカーであるフランス企業の日本法人。「能力」「フランス」「外資」といったキーワードが多く投稿されている。

「営業職が選ばない企業」の特徴

営業職から低評価を受けている企業は「商品の競争優位性がないこと」「成果に対する評価への不満」「非効率な営業方針」「人材育成不足」「理不尽なノルマ」「顧客や消費者からのクレームの多さ」など、挙げればキリがないほどさまざまな観点から低評価を受けていた。

これらの企業の共通点として、「過去に強いヒット商品があり、新しいものを生み出せていない」ことが挙げられる。過去の成功体験が根強く、これまでの商習慣や営業方針を変えられないため、最前線に立つ営業職が成果を出すことができず、低い評価となっているようだった。

「営業職は消滅する」「営業職は不人気」などの暴論を聞くことがときどきあるが、私はそうは思わない。営業は企業成長を支える根源的な機能であり、非常に高度な専門職になる可能性がある。先進的な企業では、成果創出に向けた分業化や育成体制が整い、業績向上と従業員エンゲージメントの両立を果たしている。商品力だけでなく、営業組織力こそ、投資家として注目すべき点かもしれない。

また、経営者としては、過去の成功に囚われすぎず、運動神経よく変化をすることがポイントだろう。営業という仕事は日々進化している。求職者には、商品力や知名度だけでなく、どのような営業組織・インセンティブ構造となっているかを確認することをおすすめしたい。

Pick Up! 惜しくもランキングに入らなかった優良企業

株式会社日本HP

アメリカの電機メーカーであるHP Inc.の日本法人であり、PCとプリンター、スマートフォンなどの製造・販売を主とするコンピュータ関連企業。「グローバル」「インセンティブ」「自由」といったキーワードが多く投稿されている。

CHAPTER 12

これが社員の「生の声」だ！

Good!

育成機会や自己研鑽機会が豊富にあり、
また優秀な上司や同僚に囲まれ、
エンジニアリングのレベルを高められる。
さらに自身が携わった案件やサービスが
社会を良くしている実感を持て、誇らしい

「技術職」が選んだ超優良企業20社

――「超・採用難」の技術者を集める条件

Bad!

成長機会や人材育成機会が少なく、
社会への貢献感も薄くやりがいがない。
また、他社の同職種と比べ年収が低く、
人材流出がとまらず、
常に人手不足となっており、
特定の人に業務負荷が偏ってしまっている

CHAPTER 12 POINT

「技術職の採用・育成」が企業の明暗を分ける時代

このランキングでは、OpenWorkに投稿された社員クチコミのうち「技術職（エンジニア）」による評価に限定し、「総合満足度」を集計した。求人倍率が非常に高く、採用難を極めている技術職から評価される企業にはどのような特徴があるのかを紹介したい。

OpenWorkではクチコミを投稿してもらう際に、職種も回答してもらう。その職種名から技術職に該当するものを集計した。技術職の例としては、「エンジニア」「SE」「プログラマ」「インフラエンジニア」「社内SE」「ネットワークエンジニア」「ソフトウェア開発」「アプリケーションエンジニア」といった職種名が挙げられる。厚生労働省が運営する職業情報提供サイト（job tag）記載の、「設計・構築」「運用・保守」に該当する職種を抽出した。

エンジニア採用は企業経営の生命線に

「企業のデジタルトランスフォーメーション（DX）が加速するなか、IT（情報技術）人材の不足が強まっている。求職者数に対する求人数の割合である求人倍率は約10倍に急上昇し、全職

Good! 企業にありがちなコメント

チーム全体や各メンバーに成長意識があり、とても働きがいのある環境です。また成果を残せば、その分給与に反映される仕組みなので、モチベーションも高まります。市場を席巻しているような、大きなサービスに関われるのも魅力の1つです。未熟な人にもどんどん仕事を任せていく文化があるので、かなり成長できると思います。またエンジニアは常に何かしら勉強しており、それを社内で発表したりしているので、啓発されます（株式会社リクルート、エンジニア、在籍5年未満）

種で突出して高い」

この文章は2022年5月末に『日本経済新聞』で特集が組まれた記事の序文だ（※1）。今や経営上、技術職は欠かせない人材となっているが、どの企業でも採用することが難しい。要員計画どおり技術職人材の採用ができず、頭を抱えている経営者・人事の方も多いはずだ。

投資家目線から見ても、技術職人材から選ばれる会社かどうかは大切な視点であるといえるだろう。経済産業省は東京証券取引所などと共同でDX銘柄を選定している。また、S&P500（米国で上場している主要500銘柄）の「企業価値における無形資産の割合」は約90%とも言われており（※2）、技術力や人的資産などの重要性が高まっていることもわかる。技術職人材から選ばれない会社は、投資家としては避けるべき銘柄かもしれない。

（※1）「チャートは語る『IT人材難、低賃金が拍車　求人倍率10倍』」『日本経済新聞』2022年5月29日
（※2）OCEAN TOMO「Intangible Asset Market Value Study」

× Bad!企業にありがちなコメント

高い技術を持った人材は極少数。人月換算で人材派遣するため、顧客からの要求と不一致が多く、多くのプロジェクトが火の車となっている。ギャップを埋めるため、人材育成を各部署で掲げているが、技術を持った要員が少ないため、育成の定義すらできず、10年近く経過している（SES、エンジニア、在籍10年以上）
システム職においては他社と比較すると年収が圧倒的に低く、好成績だとしても500万円台前半で頭打ちとなる（人材サービス、エンジニア、在籍5年未満）

注目企業の概要

第1位　株式会社ディー・エヌ・エー（DeNA）

1999年設立。ゲーム事業やライブストリーミング事業などを展開するインターネット関連企業。東証プライム市場上場。「能力」「目標」「優秀」といったキーワードが多く投稿されている。

PICK UP クチコミ

1人ひとりの平均的な能力が高く、モチベーションも高い。不毛な社内政治や社内調整にはほとんどエネルギーをとられずにすむ（中途、エンジニア、在籍5年未満）

第12位　Sky株式会社

1985年設立。個人や家庭、地域、社会とのネットワークを支えるICTソリューション事業、クライアント・システム開発事業を行うIT企業。「トップダウン」「社長」「数値」といったキーワードが多く投稿されている。

PICK UP クチコミ

社長の手腕がとても良いです。自社製品を増やそうという試みがあり、まだまだ伸びていくと思います（新卒、SE、在籍5年未満）

第13位　株式会社メルカリ

2013年設立。フリマアプリ「メルカリ」を運営しており、米国にも「Mercari」として展開している。「エンジニア」「風通し」「Go Bold」といったキーワードが多く投稿されている。

PICK UP クチコミ

保守的な空気がほとんどなく、社員に対して手厚くサポートをする意識が存在し、かつエンジニアリングのレベルも都内有数の高さで、魅力的なオファー額を提示された（中途、エンジニア、在籍5年未満）

「技術職」が選んだ企業トップ20

順位	企業名	業界	上場市場	総合評価
1	**株式会社ディー・エヌ・エー（DeNA）**	インターネット	東証プライム	4.3660
2	**シスコシステムズ合同会社**	コンピュータ、通信機器、OA機器関連		4.3456
3	**株式会社電通国際情報サービス**	SIer、ソフト開発、システム運用	東証プライム	4.3146
4	**株式会社野村総合研究所**	コンサルティング、シンクタンク	東証プライム	4.2776
5	**アバナード株式会社**	SIer、ソフト開発、システム運用		4.2704
6	**アクセンチュア株式会社**	コンサルティング、シンクタンク		4.2581
7	**日本マイクロソフト株式会社**	SIer、ソフト開発、システム運用		4.2532
8	**株式会社リクルート**	情報サービス、リサーチ	東証プライム（★）	4.2497
9	**ソニーグループ株式会社**（旧：ソニー株式会社）	総合電機、家電、AV機器	東証プライム	4.1994
10	**都築電気株式会社**	SIer、ソフト開発、システム運用	東証プライム	4.1584
11	**LINE株式会社**	インターネット		4.1480
12	**Sky株式会社**	SIer、ソフト開発、システム運用		4.1296
13	**株式会社メルカリ**	インターネット	東証プライム	4.1158
14	**株式会社サイバーエージェント**	インターネット	東証プライム	4.0831
15	**千代田化工建設株式会社**	重電、産業用電気機器、プラント関連	東証スタンダード	4.0746
16	**株式会社ビズリーチ**	インターネット	東証グロース（★）	4.0574
17	**シュルンベルジェ株式会社**	機械関連		4.0537
18	**トレンドマイクロ株式会社**	SIer、ソフト開発、システム運用	東証プライム	3.9998
19	**日鉄ソリューションズ株式会社**	SIer、ソフト開発、システム運用	東証プライム	3.9704
20	**株式会社エヌ・ティ・ティ・データ**	SIer、ソフト開発、システム運用	東証プライム	3.9686

※ランキングの評価点・クチコミ件数などは集計時点の数値となるため、「OpenWork」各企業ページで掲載している数値と異なる場合があります。

※集計期間に投稿があった対象データから、技術職（エンジニア、SE、プログラマなど）の投稿に限定し、一定数以上集まった企業を集計対象としています（集計期間：2007年7月～2022年3月）。

※集計には“最新性”・“回答者数”・“乖離性”などを反映させています。

※★は持株会社である親会社が上場しており、該当企業が中核子会社であることを指します。

「技術職が選んだ企業」の特徴

技術職人材に高く評価されている企業には、どのような共通項があるかを分析していきたい。

「優秀な上司・同僚エンジニアこそが最大の成長環境」という考え方

教育環境や成長機会を手厚く用意している企業が上位にくるケースが多かったが、その中でも特に上位にランクインする企業に共通していたのが、「上司・同僚が優秀なエンジニアであり、日常的に学びや刺激が得られる」といったコメントだった。

教育環境は後から充実させることができるものであるが、採用に関してはやり直しが利かない。技術職人材の採用が難しい市況下でも、採用の質に妥協しないことが、技術職人材から評価される会社をつくる上では大事なのではないだろうか。

「ネットワーク大手の最新のテクノロジーを学ぶ機会がある。ネットワークソリューション全般をカバーしており、ネットワーク以外の技術に携わる機会がある。ビジネススキルの必要性を体験できる。レベルが高いエンジニアと働けることで刺激を得られる」（シスコシステムズ合同会社、コンサルティングエンジニア、在籍10年以上）

Pick Up! 惜しくもランキングに入らなかった優良企業

グリー株式会社

2004年設立。ゲーム・アニメ事業・メタバース事業・DX事業などを展開する日本のモバイルインターネットサービスを牽引する企業。東証プライム市場上場。「ゲーム」「風通し」「新卒」といったキーワードが多く投稿されている。

「自発的な学習モチベーションさえあれば、業務を行いながらの新技術の習得も可能ですし、それに必要な機材などの環境も揃えやすいです。何より、社内にいる尖ったスキルを持った方々から得る情報は、他社では得がたいものです」（ソニーグループ株式会社、エンジニア、在籍10年以上）

「チーム一丸となり、同じベクトルで事業貢献に携われる。裁量の大きさに対し相応の職責が求められるため、責任をもって仕事が楽しめる。同僚とのスキルレベルが近いところもあり、コミュニケーションロスが少なく、活発な意見交換と多くの学びを得ることができた」（株式会社サイバーエージェント、サーバーエンジニア、在籍5年未満）

「報酬だけでなくやりがいある仕事かどうか」という考え方

ランクインした企業は全体的に報酬水準が高い傾向にあったが、それと同時に仕事へのやりがいに関するコメントが多く投稿されていた。もちろん、技術職人材の採用難易度は年々高まっており、高い報酬を提示できなければ優秀人材の採用は難しいかもしれない。しかしそれだけではなく、自身が携わった仕事が、社会や顧客・ユーザーの役に立っていることを実感できる場合に、満足度が高い傾向にあった。

Pick Up! 惜しくもランキングに入らなかった優良企業

株式会社Cygames

2011年設立。株式会社サイバーエージェントの連結子会社。ゲームの企画・開発・運営事業だけでなくアニメの音楽制作やカードゲームの開発なども行う。「コンテンツ」「体育会」「ゲーム」といったキーワードが多く投稿されている。

「社会インフラにもなっているアプリケーションに関わる仕事につけることに対する満足感。入社して以来、さまざまなことにチャレンジをさせてもらって満足しているし、たとえ失敗があったとしても、チャレンジすること自体を奨励してくれるし、評価してくれる点はとてもやりがいにつながる」（LINE株式会社、エンジニア、在籍5〜10年）

「人間の生活に欠かせないインフラの1つであるセキュリティにかかわるというところに働き甲斐を感じています」（トレンドマイクロ株式会社、サポートエンジニア、在籍5年未満）

「誰もが知るような大企業と仕事をすることが多く、その仕事内容も影響力の高いものが多いため、それがやりがいとなる」（アクセンチュア株式会社、ソリューションエンジニア、在籍5年未満）

Pick Up! 惜しくもランキングに入らなかった優良企業

イーソル株式会社

1975年設立。革新的なコンピュータ技術で組み込みソフトウェア開発を中心にセンシングソリューションも提供するIT企業。東証プライム市場上場。「風通し」「組み込み」「技術」といったキーワードが多く投稿されている。

「技術職が選ばない企業」の特徴

技術職人材が辞めやすい会社とはどんな会社なのか。OpenWorkに投稿された技術職のクチコミの中から「退職検討理由」に絞り、頻出キーワードをカテゴライズしてランキング化した。また、技術職ならではの傾向をつかむため、他職種と比較をしたのが、上の図表だ。

他職種と比べて、技術職人材は「成長環境の有無」「仕事内容」を退職検討理由とすることが多いことがわかった。また「風土」に関する悩みは、他の職種と共通して多いことがわかった。

技術職人材の採用に苦戦する経営者・人事部にとっては、優秀な技術職人材を採用するために、一般的にいわれている「報酬水準」はもちろんのこと、「成長環境」「仕事内容」を見直すことをおすすめしたい。

技術職（ITエンジニア）人材の退職検討理由

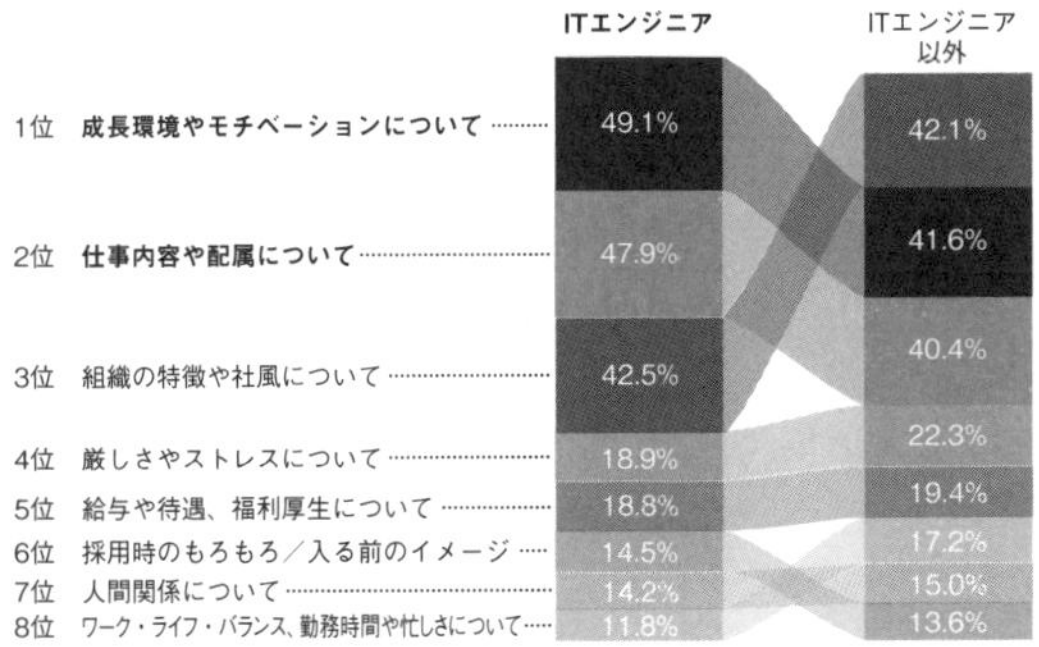

集計サイト：OpenWork社員クチコミ／対象：経験職種『ITエンジニア』とそれ以外で比較／集計方法：2018年以降に投稿された『入社後ギャップ』回答を対象データとする。頻出キーワードをカテゴライズし、ランキング化。

Pick Up! 惜しくもランキングに入らなかった優良企業

株式会社NTTドコモ

1991年設立。携帯電話の無線通信サービスを主に提供する日本最大手の携帯会社。国内の携帯電話契約数の40％以上を有する。「安定」「インフラ」「組織」といったキーワードが多く投稿されている。

CHAPTER 13

これが社員の「生の声」だ！

Good!

ルーティンな仕事だけでなく、
全社や所属部署に
影響を及ぼす仕事もでき、
戦略スタッフとして市場価値を高められる。
また、ワーク・ライフ・バランスや
ダイバーシティの観点も進んでいると感じる

「事務関連職」が選んだ超優良企業20社

――会社の基礎体力を決める重要指標

CHAPTER
13
POINT

「ルーティンではない仕事」が評価を分ける

このランキングでは、OpenWorkに投稿された社員クチコミのうち「事務関連職」による評価に限定し、「総合満足度」を集計した。

OpenWorkではクチコミを投稿してもらう際に、職種も回答してもらう。その職種名から事務関連職に該当するものを集計した。事務関連職の例としては、「事務」「営業事務」「経理」「人事」「総務」「監査」「コーポレート」「法務」といった職種名が挙げられる。厚生労働省が運営する職業情報提供サイト（job tag）記載の、「事務関連職業」に該当する職種を抽出した。

日本でもっとも就業者数の多い職種のひとつ「事務関連職」

事務関連職と定義づけられる職業は多岐にわたり、求人倍率が高いものから低いものまである。

そのため一括りにして論ずることが難しい。

ただ、1つ言えることとしては、事務関連職は日本国内においてもっとも就業者数の多い職種

Good!企業にありがちなコメント

事務職であっても海外派遣や出張に行く人もおり、他商社と比べてもキャリアを築いていきやすい環境だと思料する（三井物産株式会社、事務職、在籍5年未満）

会社がうたっているとおり、若いうちから責任を持たせて仕事を任せてくれるため、やりがいは大きかった。また、優秀な人が多いため、負けられない、学びたい、という気持ちがとても強い（P&Gジャパン合同会社、事務、在籍10年以上）

の1つということだ（※1）。どのような業界・規模の企業においても、ほとんどの場合、事務関連職人材は在籍している。

だからこそ、事務関連職人材から高い評価を受けており、活躍する人材をリテンションできている会社は強いと言えるだろう。

また、「人事」「法務」「経理」といった、専門性が求められる職種に関しては求人倍率が高く、「人的資本経営の推進」や「知的財産の充実化」「企業価値向上に向けたファイナンス」など、経営的視点が求められる仕事も多い。「事務関連職の満足度」は、企業価値という観点から投資家としても注目しておくべき指標ではないだろうか。

（※1）独立行政法人 労働政策研究・研修機構「早わかり グラフでみる労働の今 職業別就業者数」

×
Bad!企業にありがちなコメント

全国の支店で実務を動かしているのに、ワクチン接種は東京本社でのみ職域接種実施。グループ全体として首都圏しか見据えておらず、全国の社員を守るつもりがない（生命保険・損害保険、事務、在籍5年未満）
募集要項の内容と、実際（業務内容、勤務条件、給与など）があまりにも違っていた。仕事ができればできただけ、評価されるわけではなく、どんどん仕事内容や量を増やされていくだけで、やりがいや達成感などはまったく感じられない（小売・量販店、営業事務、在籍5年未満）

注目企業の概要

第3位　三井不動産株式会社

1941年設立。総合デベロッパーとしてオフィスビル、商業施設、住宅のほか、これらを組み合わせた複合施設などを開発し、総合的な街づくりを行う。東証プライム市場上場。「総合職」「伝統的」「イベント」といったキーワードが多く投稿されている。

PICK UP クチコミ

風通しが良い。上長に対しての業務効率化などの提案でも、まずはいったん話を聞こうという姿勢を見せてくれ、ブラッシュアップを受けながら実際に実現されたことも何度かあった（中途、事務、在籍5年未満）

第4位　GEジャパン株式会社

1886年設立。ネットワーク化され、レスポンスと予知能力に優れた、ソフトウェア融合型の産業機器とソリューションを提供する世界最大の総合電機メーカーである米国のゼネラル・エレクトリック・カンパニーの日本法人。「グローバル」「フラット」「自由」といったキーワードが多く投稿されている。

PICK UP クチコミ

リーダーを輩出する企業として世界的に有名であり、キャリア開発や人材育成にかける意気込みを常々感じた。特に、マネジメントは部下の育成に時間を費やしていた（中途、コーポレート、在籍5年未満）

第19位　株式会社ベネッセコーポレーション

1955年設立。株式会社ベネッセホールディングスの完全子会社で、胎児から大人までを対象とした幅広い層への通信教育、出版などの事業を行う教育企業。「真面目」「誠実」「学校」といったキーワードが多く投稿されている。

PICK UP クチコミ

福利厚生は、他の会社よりもしっかりしていると思う。休暇はちゃんと取れる。有給だけでなく、前期休・後期休もあるため、プライベートとのバランスは調整しやすく、とても良い（新卒、企画事務、在籍5年未満）

「事務関連職」が選んだ企業トップ20

順位	企業名	業界	上場市場	総合評価
1	**P&Gジャパン合同会社** (旧:プロクター・アンド・ギャンブル・ジャパン株式会社)	日用品、化粧品		4.6593
2	**伊藤忠商事株式会社**	総合商社	東証プライム	4.5469
3	**三井不動産株式会社**	不動産関連、住宅	東証プライム	4.4199
4	**GEジャパン株式会社**	重電、産業用電気機器、プラント関連		4.4197
5	**ゴールドマン・サックス証券株式会社**	証券会社、投資ファンド、投資関連		4.3758
6	**株式会社リクルート**	情報サービス、リサーチ	東証プライム(★)	4.3355
7	**味の素株式会社**	食品、飲料	東証プライム	4.3309
8	**株式会社サイバーエージェント**	インターネット	東証プライム	4.3298
9	**トヨタ自動車株式会社**	自動車、自動車部品、輸送機器	東証プライム市場など上場	4.2801
10	**旭化成株式会社**	化学、石油、ガラス、セラミック	東証プライム	4.2756
11	**三井物産株式会社**	総合商社	東証プライム市場など上場	4.2650
12	**東京海上日動火災保険株式会社**	生命保険、損害保険	東証プライム(★)	4.2423
13	**ソニーグループ株式会社** (旧:ソニー株式会社)	総合電機、家電、AV機器	東証プライム	4.2092
14	**プルデンシャル生命保険株式会社**	生命保険、損害保険		4.1947
15	**株式会社エヌ・ティ・ティ・データ**	SIer、ソフト開発、システム運用	東証プライム	4.1749
16	**富士フイルム株式会社**	半導体、電子、精密機器	東証プライム(★)	4.1339
17	**日本マイクロソフト株式会社**	SIer、ソフト開発、システム運用		4.1267
18	**日本航空株式会社(JAL)**	航空、鉄道、運輸、倉庫	東証プライム	4.1260
19	**株式会社ベネッセコーポレーション**	教育、研修サービス	東証プライム(★)	4.1150
20	**ボッシュ株式会社**	自動車、自動車部品、輸送機器		4.0982

※ランキングの評価点・クチコミ件数などは集計時点の数値となるため、「OpenWork」各企業ページで掲載している数値と異なる場合があります。

※集計期間に投稿があった対象データから、事務関連職(事務、経理、人事など)の投稿に限定し、一定数以上集まった企業を集計対象としています(集計期間:2007年7月~2022年3月)。

※殿堂入り企業(COLUMN1を参照)は集計対象外としています。

※集計には“最新性”・“回答者数”・“乖離性”などを反映させています。

※★は持株会社である親会社が上場しており、該当企業が中核子会社であることを指します。

「事務関連職が選んだ企業」の特徴

前述したとおり、事務関連職は対象職種が非常に広い。そのため、投稿されているクチコミも共通項がなかなか見いだせなかった。しかし、そういった前提がある中でも、「事務関連職」から高く評価されている企業にはいくつかの共通項が見えてきた。

オペレーションだけではなく、戦略スタッフとしての価値創出機会

就職活動中の学生に、事務関連職についてのイメージをたずねると、「ルーティンでつまらなそう」「ノルマがなくて楽そう」「成長できなさそう」といった言葉が返ってきた。

しかし、「事務関連職」から高く評価されている企業に投稿されているクチコミを見ると、そのイメージは覆される。

もちろんルーティンな仕事も多いようだが、企業の戦略スタッフとして、人事制度の設計・改善、業務プロセスの構築・改善など、企業価値向上につながる挑戦的な仕事をしている方も多く、そういった方の満足度が高くなっているようだ。

「自分は同部署の中でも比較的若手だったが、正社員の40代クラスの上長に対しての業務効率

Pick Up! 惜しくもランキングに入らなかった優良企業

ブラザー工業株式会社

1934年設立。主にプリンター、ファクシミリ、ミシンなどを製造する電機メーカー。東証プライム市場など上場。「自由度」「チャレンジ」「落ち着き」といったキーワードが多く投稿されている。

化などの提案でも、まずはいったん話を聞こうという姿勢を見せてくれ、ブラッシュアップを受けながら実際に実現されたことも何度かあった。またコロナ禍以降の自粛ムードはありながらも、昼食を一緒に食べに行く会が不定期に開催されるなど、日常的な業務の隙間時間をきっかけに若手のマインドを汲み取ろうという考えを持ってくれていたように感じる」（三井不動産株式会社、事務、在籍5年未満）

「若手時代から大きな仕事を任せて、オーナーシップを育てようとする文化がある。やる気をもって提案すれば、周囲がサポートする雰囲気があるため、自主的に成長していくことができる」（富士フイルム株式会社、事務職、在籍5〜10年）

「人の成長にコミットする文化はもちろん、それを支えるような人事制度がデザインされている。特に評価制度の正当性は明るく、かならず、なぜこの評価なのか解説があるため説得力もある」（株式会社リクルート、人事、在籍5年未満）

高いDEIとワーク・ライフ・バランス水準

「事務関連職」から評価されている企業は、DEI（ダイバーシティ：多様性、エクイティ：公平性、インクルージョン：包括性）とワーク・ライフ・バランスが進んでいるといったコメントが散見された。さまざまなライフイベントを迎えても、専門性を磨き、発揮し続けてもらうた

Pick Up! 惜しくもランキングに入らなかった優良企業

協和キリン株式会社

1949年設立。キリンホールディングス株式会社の子会社でキリングループに属し、バイオ医薬品、特に抗体医薬品を強みとして医療用医薬品事業などを行う製薬会社。「真面目」「年功序列」「伝統」といったキーワードが多く投稿されている。

めの制度・風土が整えられていることで、高い専門性を保有し、企業価値向上に資する人材がとどまり続けていることが特徴のようだ。

「出産育児休暇の制度が充実していて、取得しやすい雰囲気もある。出産育児休暇を取得して1年以上休むことができる。出産育児休暇明けは、復帰に向けた面談を行い、復帰後も無理のないペースで働けるように配慮がなされる。また、受け入れ部署の社員も温かく迎えてくれる」

（株式会社ベネッセコーポレーション、事務、在籍10年以上）

「一般的には労務管理はしっかりされていて、毎月連続での多残業は避けられるよう配慮されれたりする。年休についても付与分の取得は促されている。デスクワーク中心の職種であれば、在宅勤務も促進されており、ワーク・ライフ・バランスもとりやすい環境は整備されている」（トヨタ自動車株式会社、総務人事、在籍10年以上）

「育児休暇を取りやすく復職率も高いと思われる。またフレックス制であるため、遅く出社している人や在宅ワークをしている人をよく見る。また部長クラスにも女性はいる。性別は関係なく実力がある人が出世していく会社だと感じる」（ソニーグループ株式会社、管理部門、在籍5年未満）

Pick Up! 惜しくもランキングに入らなかった優良企業

オリックス株式会社

1964年設立。リースをはじめ、不動産、銀行、事業投資、プロ野球球団など多くの事業を手掛ける大手総合金融サービス企業。東証プライム市場上場。「現場」「ボトムアップ」「チャレンジ」といったキーワードが多く投稿されている。

「事務関連職が選ばない企業」の特徴

「事務関連職」人材から低評価を受けている企業によく見られたコメントとしては、「乏しい成長環境」「キャリアへの不安」「不公平感」などが挙げられる。

「乏しい成長環境」「キャリアへの不安」に関しては、同じ業務の繰り返しが多く、習熟度や市場価値が上がっていかないという声が多かった。ただ、高スコア企業を見ると必ずしもそのようなことはないため、事務関連職のプロフェッショナル人材が上司にいないことが原因かもしれない。「不公平感」は、他職種・他地域と比べて感じることが多いようだった。評価制度、育成機会、福利厚生面で差があるといったコメントが散見された。

事務関連職はもっとも就業者数の多い職種であり、また人事や経理、法務といった全社に影響を及ぼすことができる専門性が求められる職種も少なくない。そのため、事務関連職人材が活躍し、生産性を高めることは、企業価値向上につながりやすい施策であるともいえ、投資家や経営者としては注視すべき領域ではないだろうか。

また、事務関連職として仕事を探している方においては、今後の自身のキャリアを見据え、戦略スタッフとして成長ができ、DEIやワーク・ライフ・バランスに優れた会社という観点で職場を探されることを強くおすすめしたい。

Pick Up! 惜しくもランキングに入らなかった優良企業

株式会社デンソー

1949年設立。世界屈指の電動化技術とそれを支えることができる製品ラインナップを強みとする国内最大手の自動車部品メーカー。東証プライム市場上場。「アットホーム」「技術」「歴史」といったキーワードが多く投稿されている。

PART 5

ワーク・ライフ・バランスから探す

超優良企業55社

The very best companies
found by
analysing 13,000,000 reviews.

CHAPTER 14

これが社員の「生の声」だ！

Good!

DEIを重要戦略と位置づけており、
ジェンダーや国籍といったバイアスを
徹底的に排除している。
実際に経営陣や管理職にも
女性が多くおり、
性別によって不利になることはない

「女性のクチコミ」だけで選ぶ「女性が働きやすい」20社

——ジェンダーギャップのない活躍・昇進がカギ

CHAPTER 14 POINT

「女性が働きにくい会社」は「全員が働きにくい会社」だ

少子高齢化による人口減少も後押しとなり、日本においてはますます女性活躍推進の必要性が高まっている。２００３年に日本政府は「各分野で指導的地位に占める女性の割合を２０３０年までに少なくとも30％程度となるよう期待する」と宣言したが、２０１９年の国際労働機関（ＩＬＯ）による女性の労働に関する報告書によると、現時点では達成に程遠い状態にある。

そのような日本において、女性が選ぶ、本当に女性にとって働きやすい職場とはどのような職場なのか。先行調査によると、女性が働きにくさを感じる職場は「ワーク・ライフ・バランスがとれない」「職場の雰囲気が悪い」と明らかにされている（※１）。

そこで本ランキングでは、OpenWorkに投稿された「女性」の社員クチコミに絞り、残業時間、有給休暇消化率、風通しの良さのスコアと、「女性の働きやすさ」に関するクチコミをＡＩによって算出したセンチメントスコアを総合して「女性の働きやすさスコア」を算出し、集計した。

Good!企業にありがちなコメント

男女LGBT人種平等で非常にフラットな文化。常にカスタマーサイドのサービス向上に積極的（Booking.com Consulting Services Japan株式会社、女性、営業、在籍５年未満）

女性特有の体調不良などでの休みも取得しやすい。残業もほとんどなく、時短、フレックス、テレワークも可能で、急な子供の発熱での早退も周りの目を気にする必要なく取得できる。女性の課長なども多い（ドコモ・サポート株式会社、女性、進行管理、在籍５年未満）

理想は「女性の働きやすさ」という概念そのものがなくなること

まず、先にお伝えしておくと、私個人としては「女性の働きやすさ」という項目そのものがOpenWorkからなくなることを願っている。そんな項目がなくとも誰も困らない社会になればよい。事実、先進的な企業ではそうなっている。

しかしながら、投稿されているクチコミを日々読んでいると、性差による働きがい・働きやすさの違いはいまだに根深く存在している。少しでもそのような社会が是正されていくように、こういったクチコミ項目や本ランキングを紹介していきたい。

ここでは紹介を割愛するが、ダイバーシティ推進は経営においてさまざまなメリットがあることが研究で証明されている。またESG投資規模の拡大からもわかるように、機関投資家もESGの1つのテーマでもある女性活躍には関心を持っている（※2）。経営者にとっても、投資家にとっても、本ランキングは注目に値するものではないだろうか。

（※1）エン・ジャパン株式会社「女性が働きにくさを感じる職場とは？」2015年9月30日

（※2）内閣府 男女共同参画局 報告書「機関投資家が評価する 企業の女性活躍推進と情報開示」（調査時期2018年8月～9月）

× Bad!企業にありがちなコメント

社長の女性社員に対する服装の考え方があるらしく、非営業の女性社員はみんなブラウスにレーススカートといったような、同じような格好をしている。ワンピースは妊婦や年次の高い人しか着られないという暗黙のルールがある（不動産、女性、一般職、在籍5年未満）

朝まで働くことが求められるため、女性には体力面でも大変不利だと思う。そもそも社内の女性比率は1%かと思います（コンサルティング・シンクタンク、女性、コンサルタント、在籍5年未満）

注目企業の概要

第3位　デルタ航空

1928年設立。現存するエアラインでは最長の歴史を持ち、旅客運送数および旅客キロ数で世界第2位の米国航空会社の日本支社。「育児」「女性が多い」「多様性」といったキーワードが多く投稿されている。

PICK UP クチコミ
多様性を重視して差別や人権の問題をなくしたいという社風だったので、女性だから男性だからといったことはなかったと思います（女性、中途、客室乗務員、在籍10年以上）

第12位　西日本電信電話株式会社（NTT西日本）

1999年設立。西日本地域における地域電気通信業務やそれに附帯する業務、目的達成業務、その他活用業務を行う。「管理者」「育休産休」「福利厚生」といったキーワードが多く投稿されている。

PICK UP クチコミ
非常に女性にとって働きやすい環境であるように思います。女性の管理者も非常に多いです。私自身は女性であるからといって不利益を被ったことはありません（女性、新卒、営業、在籍5年未満）

第19位　株式会社アシックス

1949年創業。競技用シューズやスニーカー・アスレチックウェアなどを製造・販売し、海外に数十社の関係会社を有する。東証プライム市場上場。「復職」「風通し」「フレックス」といったキーワードが多く投稿されている。

PICK UP クチコミ
フレックス制度がしっかり適用されており、時短でなくても勤務時間を柔軟に選ぶことができるので、子育てしながらフルタイムで働く女性も多い（女性、新卒、マーケティング、在籍5年未満）

女性が選ぶ
「女性が働きやすい」企業トップ20

順位	企業名	業界	上場市場	女性の働きやすさスコア
1	Booking.com Consulting Services Japan株式会社	旅行、ホテル、旅館、レジャー		4.4841
2	キャセイパシフィック航空会社	航空、鉄道、運輸、倉庫		4.4605
3	デルタ航空	航空、鉄道、運輸、倉庫		4.3315
4	グーグル合同会社	インターネット		4.2933
5	Apple Japan合同会社	コンピュータ、通信機器、OA機器関連		4.2758
6	特許庁	官公庁		4.2534
7	ボッシュ株式会社	自動車、自動車部品、輸送機器		4.2293
8	ドコモ・サポート株式会社	コールセンター、業務請負		4.2173
9	Agoda International Japan株式会社	インターネット		4.2094
10	エミレーツ航空	航空、鉄道、運輸、倉庫		4.2055
11	株式会社ミリアルリゾートホテルズ	旅行、ホテル、旅館、レジャー		4.1976
12	西日本電信電話株式会社（NTT西日本）	通信、ISP、データセンター		4.1939
13	SMBCスタッフサービス株式会社	人材サービス		4.1855
14	ジェットスター・ジャパン株式会社	航空、鉄道、運輸、倉庫		4.1536
15	KDDIプリシード株式会社	小売（百貨店・専門・CVS・量販店）		4.1483
16	アメリカン・エキスプレス・ジャパン株式会社	クレジット、信販、リース		4.1481
17	株式会社GABA	教育、研修サービス		4.1380
18	ヤフー株式会社	インターネット	東証プライム（★）	4.1190
19	株式会社アシックス	インテリア、雑貨、文具、スポーツ	東証プライム	4.1070
20	ブルームバーグ・エル・ピー	情報サービス、リサーチ		4.1063

※ランキングの評価点・クチコミ件数などは集計時点の数値となるため、「OpenWork」各企業ページで掲載している数値と異なる場合があります。

※集計期間に女性から投稿があった下記データに限定し、一定数以上集まった企業を集計対象としています（集計期間：2007年7月～2022年3月）。

※残業時間、有給休暇消化率、風通しの良さのスコアと、『女性の働きやすさ』に関するクチコミをAIによって算出したセンチメントスコアを総合して『女性の働きやすさスコア』を算出。

※集計には“最新性”・“回答者数”・“乖離性”などを反映させています。

※★は持株会社である親会社が上場しており、該当企業が中核子会社であることを指します。

「女性が働きやすい企業」の特徴

女性が選ぶ「女性が働きやすい会社」で上位にランクインした会社には、どのような共通項があるかを分析していきたい。女性が投稿した「女性の働きやすさ」クチコミのみを抽出・考察した。

役職・職種に関係なく活躍している女性の存在

1つ目の共通点として、「役職・職種にとらわれない活躍」が挙げられる。経営層や管理職で活躍している女性の存在や、一般的に男性が多いといわれている職種で活躍している女性の存在が、「女性にとっての働きやすさ」でランキング上位に入った企業の共通点だった。表層的な制度や仕組みだけでなく、ジェンダーギャップのない活躍・昇進が実例として生み出されていることがポイントのようだ。

なお、同じ業界でも企業によってまったく違うクチコミが投稿されているため、求職者は注意していただきたい。

「女性にとってはこの上ないほど働きやすいです。産休育休後もみなさん復帰します。時短も

Pick Up! 惜しくもランキングに入らなかった優良企業

株式会社みなと銀行

1949年設立。兵庫県神戸市に本店を置く、株式会社関西みらいフィナンシャルグループ傘下の第二地方銀行。地域の発展を応援するオーダーメイド型融資などのサービスも展開する。「子育て」「外回り」「人事」といったキーワードが多く投稿されている。

可能です。女性男性の区別はまったくありません。上層部にも女性はたくさんいます。むしろ女性が多いかもしれません」（Booking.com Consulting Services Japan 株式会社、女性、営業、在籍5〜10年）

「たくさんのお母さん乗務員が働いており、客室乗務員はもちろんのことパイロットにも女性が多い。働き方も希望が通りやすく、宿泊を伴わないフライトのみの担当から特定の就航地のみにフライトする担当までいろいろとチョイスできる」（キャセイパシフィック航空会社、女性、客室乗務員、在籍5年未満）

「女性にとっての働きやすさは外資系企業の中でも特に高いと感じます。どの部署も管理職の女性が多く、仕事面で性別を気にしたことは一度もありません。平等です。産休や育休の制度も整っており、長期休暇が取りやすく、戻ってきた後も仕事に支障が出ないよう周りが協力している印象が強いです。ワーク・ライフ・バランスも良いので子育て中の女性も働きやすいです」（ブルームバーグ・エル・ピー、女性、カスタマーサポート、在籍5年未満）

性別だけにとどまらないダイバーシティの推進

2つ目の共通点としては、性別だけでなく、さまざまな観点でダイバーシティ推進を進めている会社が、結果として女性が選ぶ「女性が働きやすい会社」として評価されているようだった。

Pick Up! 惜しくもランキングに入らなかった優良企業

イケア・ジャパン株式会社

1943年設立。大規模家具販売店である「イケアストア」を各国に展開するスウェーデン発祥の世界最大の家具量販店の日本法人。「マネージャー」「ワーク・ライフ・バランス」「育休」といったキーワードが多く投稿されている。

こういった企業では、そもそもダイバーシティ推進が企業経営や企業価値向上において重要な位置づけにあると考えているケースが多いようだ。表面上のポーズではなく、ダイバーシティ推進が企業価値向上に本当に必要だから、経営トップが本気で取り組んでいるのだろう。

「特にグローバルで女性の管理職が多いし、ダイバーシティを大事にするカルチャーが浸透している。女性だけでなくいろいろな多様な人材が、気持ちよく働けるような環境が整っている」（グーグル合同会社、女性、コンサルタント、在籍5～10年）

「（入社を決めた理由）国籍年齢性別問わないダイバーシティな環境」（Apple Japan合同会社、女性、販売、在籍5年未満）

「ダイバーシティを社是とし、女性やＬＧＢＴＱ、その他マイノリティに属する人は受け入れられやすい社風」（ボッシュ株式会社、女性、購買、在籍5～10年）

Pick Up! 惜しくもランキングに入らなかった優良企業

オルビス株式会社

1984年設立。通信販売をメインとして、肌に負担をかけないことに重点を置いた化粧品・栄養補助食品などを販売する。「時短」「優しい」「体調」といったキーワードが多く投稿されている。

「女性が働きづらい企業」の特徴

女性から「女性の働きやすさ」で低評価を受けている企業に多かった声としては、「柔軟な働き方ができないこと」「ジェンダーステレオタイプ（社会に広く浸透している性別に関する思い込み）の存在」「ロールモデルの不在」が挙げられる。

しかし、ここでは「エクイティ（公平性）の欠如」について取りあげたい。エクイティとは、「誰もが成功する機会を得られるよう1人ひとりが抱える固有のニーズを満たし、組織に存在する障壁を取り除くこと」を指す。全員に同じ支援をする「エクオリティ（平等）」とは異なるのである。

海外の先進的な企業では、経営上の重要戦略としてDEI（ダイバーシティ、エクイティ、インクルージョン）を位置づける企業も増えてきた。投資家、経営者・人事部、求職者、それぞれにとって、より重要な観点になってくるのではないだろうか。

Pick Up! 惜しくもランキングに入らなかった優良企業

株式会社六花亭

1933年設立。「マルセイバターサンド」などを筆頭にした和洋菓子製造販売・美術館運営を北海道で展開する。「女性中心」「昇進」「産休育休」といったキーワードが多く投稿されている。

CHAPTER 15

これが社員の「生の声」だ！

Good!

30代なかばで年収が大台に乗る。
同業他社と比べても高い水準にある。
職種や評価によっては、
さらに高い報酬となる。
過去の長時間労働も改善され、
ワーク・ライフ・バランスも優れている

ワーク・ライフ・バランス優良な「年収1000万円超」企業20社

——意外にも、半数以上は「日系企業」がランクイン

Bad!

業務上の無駄が多く、生産性が低い。
業界水準と比べても給与水準は悪い。
ダラダラと残業をし、残業代で稼いでいた。
しかし働き方改革の影響で
残業も制限され、
報酬水準が大きく下がってしまった

CHAPTER 15 POINT

ワーク・ライフ・バランスと年収は「生産性」の指標

このランキングでは、社員クチコミを利用して算出した「年収推定プログラム」と「ＷＬＢ（ワーク・ライフ・バランス）スコア」を活用し、「年収１０００万円超えのワーク・ライフ・バランスが優れた会社」を集計した。

データがやや複雑なので、１つひとつ説明していきたい。まず「年収推定プログラム」だ。OpenWorkでは蓄積された実際に働く社員の年収データをもとに、独自のアルゴリズムによって企業ごとに異なる賃金カーブを可視化した「年齢別年収（※１）」を掲載している。この年収推定プログラム上で、40歳時点で一度でも年収１０００万円を超えた企業を対象とした。中には20代で平均推定年収が１０００万円を超える企業もある。

つぎに「ＷＬＢスコア」だ。こちらは残業時間と有給休暇消化率をスコア化したものである。残業時間は少ないほうが、有給休暇消化率は高いほうがスコアが高くなるロジックだ。

つまり、このランキングは、「40歳までに年齢別の平均推定年収が１０００万円を超える会社群から、残業時間が少なく、有給休暇消化率が高い順に並べたもの」と捉えていただくことがで

○ Good! 企業にありがちなコメント

残業時間の規制があるので、プライベートな時間もしっかり確保される。土日出勤は原則禁止。働いた分はしっかり残業代がつくのでモチベーションも下がらない。その他、結婚、育児の際に特別に取れる休暇もあり、そのような特別な休暇もしっかり取るように言われる（大和証券株式会社、営業、在籍５年未満）

日本にオフィスを持つテック企業の中では非常に給料が高い。非常にフェアな評価制度で、成果を出せば昇進できる（Indeed Japan株式会社、ソフトウェア・エンジニア、在籍５年未満）

きる。

生産性も給料も低い日本

公益財団法人日本生産性本部の調査によると、日本の1人あたりの労働生産性はOECD加盟38カ国中28位、主要先進7カ国（日本、アメリカ、イギリス、カナダ、フランス、ドイツ、イタリア）で比較すると50年以上も最下位となっている（『労働生産性の国際比較2020』）。

また、OECDが発表したデータによると、OECD加盟諸国内における日本の購買力平価ベースの平均賃金は、「OECD加盟諸国の平均以下の数値」となっている。アメリカの半分強、カナダやオーストラリアの6～7割、韓国やスロヴェニアの約9割だ。

そんな中、ランキング上位の企業は生産性が高いといえる。経営者はそういった企業から学ぶべきことが多いはずだ。

一方で、求職者には1つ注意喚起をしておきたい。「年収」や「ワーク・ライフ・バランス」を重視している方は多いと思うが、意外にも入社後のミスマッチはソフト面（風土や成長環境、人間関係など）から起こることが、OpenWorkの過去の調査でも明らかになっている。

（※1）「年齢別年収」は、会社評価レポートにて回答された有効な年収データを統計的に処理し、推定した年収値と約80％の推定範囲。個人の年収データやそれらの平均値ではなく、ある年齢および前後の年齢の複数のデータからOpenWork独自のアルゴリズムによって統計的に算出。

×
Bad!企業にありがちなコメント

社員から特に不満がよく出るのは有給制度。現在は年5日で、基本クォーターで1日のみで、それもだいぶ前に事前申告が必要であり、第一希望もあまり通らない。責任者に相談をしても、収入・給与の話を持ち出されるため、変えようとする雰囲気が全社通してほぼない（半導体・電子・精密機器、営業、在籍5年未満）

ボーナスと残業代で稼ぐしかない。近年ボーナスが低いし残業しにくくなっているので、年収は大幅ダウンしている（証券会社・投資ファンド・投資関連、営業、在籍10年以上）

注目企業の概要

第3位　関西電力株式会社

1951年設立。近畿地方・一部関東地方で電力小売事業や発電事業を行う。東証プライム市場上場。「ステージ」「出世」「スーパーフレックス」といったキーワードが多く投稿されている。

PICK UP クチコミ

年齢別の年収　年収データをもとにした推定値と約80%の推定範囲

25歳	420万円	(330万円〜534万円)
30歳	600万円	(472万円〜763万円)
35歳	831万円	(653万円〜1057万円)
40歳	1007万円	(791万円〜1281万円)

第8位　株式会社INPEX

2006年設立。国内外で石油・天然ガスなどの探鉱・掘削・生産・運搬などの開発を行う大手石油開発企業。東証プライム市場上場。「昇給」「フレックス」「ワーク・ライフ・バランス」といったキーワードが多く投稿されている。

PICK UP クチコミ

年齢別の年収　年収データをもとにした推定値と約80%の推定範囲

30歳	707万円	(595万円〜840万円)
35歳	853万円	(718万円〜1014万円)
40歳	1066万円	(897万円〜1267万円)

第18位　農林中央金庫

1923年設立。生産から消費までのあらゆる場面で付加価値を向上させる食農ビジネス以外にも、リテールビジネス・投資ビジネスを主軸に展開する。「福利厚生」「寮」「(ワーク・ライフ・バランスは)部署による」といったキーワードが多く投稿されている。

PICK UP クチコミ

年齢別の年収　年収データをもとにした推定値と約80%の推定範囲

25歳	428万円	(320万円〜574万円)
30歳	742万円	(554万円〜994万円)
35歳	1018万円	(761万円〜1364万円)
40歳	1159万円	(866万円〜1552万円)
45歳	1214万円	(907万円〜1626万円)

ワーク・ライフ・バランス優良な
「年収1000万円超」企業トップ20

順位	企業名	業界	上場市場	WLBスコア
1	**グーグル合同会社**	インターネット		8.2947
2	**トヨタ自動車株式会社**	自動車、自動車部品、輸送機器	東証プライム市場など上場	8.0242
3	**関西電力株式会社**	電力、ガス、エネルギー	東証プライム	7.6739
4	**ブリティッシュ・アメリカン・タバコ・ジャパン合同会社**	その他メーカー・商社		7.5388
5	**Indeed Japan株式会社**	インターネット		7.4949
6	**大和証券株式会社**	証券会社、投資ファンド、投資関連	東証プライム市場など上場(★)	7.4454
7	**野村アセットマネジメント株式会社**	投信投資顧問		7.4035
8	**株式会社INPEX**	化学、石油、ガラス、セラミック	東証プライム	7.3682
9	**株式会社三井住友銀行**	銀行(都市・信託・政府系)、信金	東証プライム市場など上場(★)	7.2756
10	**株式会社三菱UFJ銀行**	銀行(都市・信託・政府系)、信金	東証プライム(★)	7.1293
11	**日本銀行**	銀行(都市・信託・政府系)、信金	東証所属部無し	7.1250
12	**アマゾンジャパン合同会社** (旧:アマゾン ウェブ サービス ジャパン株式会社)	インターネット		7.0752
13	**武田薬品工業株式会社**	医薬品、医療機器	東証プライム市場など上場	7.0650
14	**株式会社みずほ銀行**	銀行(都市・信託・政府系)、信金	東証プライム(★)	6.9579
15	**アッヴィ合同会社**	医薬品、医療機器		6.8993
16	**中外製薬株式会社**	医薬品、医療機器	東証プライム	6.7150
17	**シスコシステムズ合同会社**	コンピュータ、通信機器、OA機器関連		6.6742
18	**農林中央金庫**	銀行(都市・信託・政府系)、信金		6.5747
19	**SAPジャパン株式会社**	SIer、ソフト開発、システム運用		6.5744
20	**住友商事株式会社**	総合商社	東証プライム	6.5558

※ランキングの評価点・クチコミ件数などは集計時点の数値となるため、「OpenWork」各企業ページで掲載している数値と異なる場合があります。

※OpenWorkの年収推定プログラム上で、40歳時点で一度でも年収1000万円を超えた企業が対象。

※上記対象企業の中から、残業時間と有給休暇消化率をスコア化し、WLBスコアとして集計(集計期間:2007年7月〜2022年3月)。

※集計には"最新性"・"回答者数"・"乖離性"などを反映させています。

※★は持株会社である親会社が上場しており、該当企業が中核子会社であることを指します。

「高収入でWLBが良い企業」の特徴

「40歳までに年齢別の平均推定年収が1000万円を超える会社群から、残業時間が少なく、有給休暇消化率が高い順に並べた」ランキングの上位企業には、どのような共通項があるかを分析していきたい。

外資だけではない「30代で大台を超える」日系金融系

外資系企業のランクインが目立つかと思いきや、トップ20の半数以上は日系企業がランクインした。またその中でも、35歳時点の平均推定年収が1000万円を超えたのが、野村アセットマネジメント株式会社と農林中央金庫だ。人事制度や報酬体系は異なるがグーグル合同会社と並び、比較的早いタイミングで高い年収を実現でき、かつワーク・ライフ・バランスのレベルが高いというのは、日系企業では数少ない。

また40歳時点の平均推定年収が1000万円を超えた日系金融企業が7社もランクインした。古いクチコミを見ると年功序列や激務というコメントも多く見られたが、最近では「人事制度の改善」や「働き方改革の推進」がなされているというコメントがセットで投稿されていた。

Pick Up! 惜しくもランキングに入らなかった優良企業

スリーエムジャパンイノベーション株式会社

1976年設立。世界初のカラーコピー機の販売を始めたことでも有名なアメリカの世界的化学・電気素材メーカーである3M Companyの日本の系列会社。「三段階」「ボーナス」「フレックス」といったキーワードが多く投稿されている。

「まったり高給と言われているが、世間と比較すればそれは当たっていると思う。福利厚生はかなり手厚いと思う」（農林中央金庫、営業、在籍10年以上）

「日系のアセマネでは、待遇は最高水準ではないでしょうか。外資でガツガツやってもっと給料をもらうというものとは対照的に、それなりにやってそこそこの給料をもらうという印象です。ただし、今後は人によって差を以前よりもつけるという人事制度になってきているので、少しずつ変わっていくようには思っています」（野村アセットマネジメント株式会社、運用、在籍5～10年）

「昔はむやみに残業があったし、休日に行事や寮の付き合いなどが普通にあったが、今はそういうこともなくなった。仕事後は自己啓発にも取り組むことができる。今はワーク・ライフ・バランスを自分で調整できる環境にある」（農林中央金庫、融資、在籍10年以上）

待遇も働き方も先をゆく外資IT系企業

他ランキングでも頻繁にランクインしているが、外資IT系企業も複数社ランクインした。グーグル合同会社やアマゾンジャパン合同会社のように誰もが知っているサービスを展開している企業もあれば、シスコシステムズ合同会社やSAPジャパン株式会社のように法人向けサービスでシェアが大きい企業もランクインしていた。

Pick Up! 惜しくもランキングに入らなかった優良企業

アドビ株式会社

1982年設立。クリエイティブ・デザイン、ビデオ編集ツールやAcrobat PDFなどのトップシェアを誇るAdobe Inc.の日本法人。「コミッション」「RSU」「在宅勤務」といったキーワードが多く投稿されている。

共通する点としては、各業界のリーダーポジションを取るような自社サービスを保有しているケースが多く、その結果、生産性高く事業展開ができていることが推測できた。また、生産性高く事業展開して創出した利益を従業員に還元することで、より優秀な人材がリテンションされ、商品サービスの競争力が増していくという好循環が起きているのかもしれない。

「同業種の他の企業よりは給与は良くなるように設定されているようです。基本的にはリーダーシッププリンシプル（OLP）と呼ばれる行動指針に基づいて評価される。またリーダーシッププリンシプルにおける自身の強みや弱みがフィードバックされ、自身の成長のための制度やインフラ（通信教育などのツール）は整っている印象。また、日常業務の合間を縫ってセルフマネジメントを実施していくことがなかなか大変で、高い時間管理能力が求められる」（アマゾンジャパン合同会社、ベンダーマネージャー、在籍5年未満）

「ワーク・ライフ・バランスはとても良い。一般的にはコンサルタントの仕事は忙しく思われがちですが、ワーク・ライフ・バランスを大事にしている社員は多くいて、有給消化率も高いです。また、COVID-19の対応も非常に早く、在宅勤務への切り替え、育児のための休暇拡充も行われた。働きやすさは、外資系らしいところがあるのかなと感じた」（SAPジャパン株式会社、コンサルタント、在籍5年未満）

Pick Up! 惜しくもランキングに入らなかった優良企業

エーザイ株式会社

1941年設立。「チョコラ」シリーズなどを展開する医薬品の研究開発、製造、販売および輸出入を行う。東証プライム市場上場。「手当」「試験」「講演会」といったキーワードが多く投稿されている。

「高収入だがWLBが悪い企業」の特徴

「40歳までに年齢別の平均推定年収が1000万円を超える会社群から、残業時間が少なく、有給休暇消化率が高い順に並べた」際、下位にランクインした企業の共通点を考察する。

読者の皆さまに誤解ないよう伝えておくと、そもそも「40歳までに年齢別の平均推定年収が1000万円を超える会社」は非常に少ない。そのため、下位にランクインしたとしても、総合評価が高くなるような優良企業が多かった。

下位にランクインした企業の業界は、コンサルティングファーム、広告代理店、金融・証券会社系が挙げられる。しかし、そのような企業のクチコミを見ていくと、ワーク・ライフ・バランスよりも成長環境を求めて働いている方が多く、不満として現れているケースは少なかった。

もちろん、企業の生産性を高め、従業員にしっかり還元していくことは大切であるが、ワーク・ライフ・バランスを意識するあまり、働く人から成長環境を奪ってしまうようなことにならないよう、経営者は注意すべきであろう。求職者もまた、自分が仕事に何を求めているかを改めて考え直すと良いだろう。

Pick Up! 惜しくもランキングに入らなかった優良企業

日本メドトロニック株式会社

1975年設立。ペースメーカーをはじめとする医療技術・治療法の提供を行う。アイルランドに本社を置くMedtronic plcの日本法人。「インセンティブ」「上司」「学会」といったキーワードが多く投稿されている。

CHAPTER 16

これが社員の「生の声」だ！

Good!

配属される部署・店舗によって
ワーク・ライフ・バランスの実現度は変わるが、
業界内で見れば有給も取りやすく
残業も少ない。
また、人材育成や待遇面も満足しており、
総合的に良い会社だと感じている

ワーク・ライフ・バランス優良な「飲食業界」企業15社

——会社としての「覚悟」がスコアを分ける

CHAPTER 16 POINT

業界全体が「人手不足」に対応できねば生き残れない

このランキングでは、OpenWorkに投稿された社員クチコミのうち「フードサービス・飲食業界」に限定し、前項でも活用した「WLB（ワーク・ライフ・バランス）スコア」を集計した。また、単純にワーク・ライフ・バランスが良くとも、他の項目が低ければ意味がないため、一定の総合評価を獲得している企業に絞っている。そのため、通常のランキングと異なり、トップ15までに絞って紹介することとしたい。

少子高齢化による労働人口の減少から業界を問わず人手不足が叫ばれる中、労働環境に関するニュースや「キツイ」というイメージによって特に人が集まらないとされている飲食業界。厚生労働省が発表した調査結果（※1）でも、「宿泊業、飲食サービス業」のパートタイム労働者の不足が著しく、閉店や営業時間の短縮をせざるを得ない店舗も増えるなど、他業界と比べて人手不足が深刻であることがうかがえる。

飲食店を展開する企業は、労働環境や待遇の改善を図ることで従業員満足度を引き上げ、新た

○ Good!企業にありがちなコメント

飲食業界の中ではトップクラスにホワイトだと思います。土日祝休みにこだわらない方にとってはいい環境だと思います。有給も取れますし、基本的には月10日の休みがあります。月によってはカレンダーどおりの企業より休めます（スターバックス コーヒー ジャパン株式会社、副店長、在籍5年未満）

部署にもよりますが、希望した休日は取りやすいと感じます。急な休みにもある程度対応してくれます。法令順守意識が高く、有給休暇の消化はしっかりと行えます（株式会社アレフ、一般社員、在籍5年未満）

な労働力の確保をしていくことが急務となるだろう。

2030年に400万人働き手が不足するサービス業界

「フードサービス・飲食業界」も属するサービス業では、2030年に2101万人の労働需要に対して、1701万人の労働供給しか見込めず、「400万人の人手不足」になることが推計結果として発表されている（※2）。こういった課題を見据え、駅そば店やファミレスにロボットが導入されるなど、さまざまな解決策が講じられているが、人手不足である状況は大きく変わっていない。

投資家にとっても、経営者にとっても、フードサービス・飲食業界の企業が労働市場に適応できているかどうかは、経営上きわめて重要な観点だろう。どんなにサービスの品質や立地が良くとも、働き手がいなければ消費者にサービスを届けることができず、企業の成長はない。

もうすでに起きているのかもしれないが、人材募集をしても働き手が集まらずに店を開くことができないといった機会損失も、今後は増えてくるかもしれない。

（※1）厚生労働省「労働経済動向調査」平成29年5月
（※2）パーソル総合研究所・中央大学経済学部教授 阿部正浩「労働市場の未来推計2030」2018年2月21日

× Bad!企業にありがちなコメント

プライベートとのバランスはとりづらいと思います。シフトなので、前もって予定を立てれば休めるんですが、現場は常に人手不足で店舗在籍社員が少なく、アルバイトが欠勤すると社員が出ないといけないケースが多いです（フードサービス・飲食、調理、在籍5～10年）

ワーク・ライフ・バランスは最悪。良くも悪くも休めないのは自分が店舗を作れないからという扱い。休みの日に会議の強制参加、従業員が突然休んだら出勤（フードサービス・飲食、店長、在籍5年未満）

注目企業の概要

第1位　スターバックス コーヒー ジャパン株式会社

1995年設立。世界最大のコーヒーチェーン店の日本支社で、家でも職場でもない「サードプレイス」としての店舗運営などの文化をはぐくんできた企業。「ホワイト」「地方」「調整」といったキーワードが多く投稿されている。

PICK UP クチコミ

2021年に居住地選択制度が導入され、地域、全国の2択から、転居可能な都道府県の選択が増えた。引越し手当、家賃補助など福利厚生の水準は世界レベルで引き上げられている（新卒、営業、在籍5年未満）

第2位　株式会社アレフ

1976年設立。「ハンバーグレストランびっくりドンキー」の運営のほか、レストラン事業や「えこりん村」などの事業を展開する食品企業。「シフト」「平日休み」「ワーク・ライフ・バランス」といったキーワードが多く投稿されている。

PICK UP クチコミ

毎月9～10日の休み、年に2回、年休を使用しての5連休あり。土日にいつも休みたい人には不向きかもしれません。ただ上司に相談すれば休みをもらえることも多い（新卒、販売、在籍5年未満）

第3位　株式会社一蘭

1993年設立。アメリカや香港、台湾にも出店している、「美味しさにこだわり、驚きと革新を追求する」というブランドポリシーを貫くラーメン店。「ワーク・ライフ・バランス」「休日」「フレックス」といったキーワードが多く投稿されている。

PICK UP クチコミ

ワーク・ライフ・バランスを非常に調整しやすい。現場は状況により難しいところもあるが、周りのサポートもあるため、通常の飲食店と比べると明らかに調整しやすい（中途、サポート、在籍5～10年）

ワーク・ライフ・バランス優良な「飲食業界」企業トップ15

順位	企業名	業界	上場市場	WLBスコア
1	スターバックス コーヒー ジャパン株式会社	フードサービス、飲食		7.34
2	株式会社アレフ	フードサービス、飲食		7.25
3	株式会社一蘭	フードサービス、飲食		6.99
4	株式会社スープストックトーキョー	フードサービス、飲食		6.64
5	クリスピー・クリーム・ドーナツ・ジャパン株式会社	フードサービス、飲食		6.33
6	がんこフードサービス株式会社	フードサービス、飲食		5.87
7	株式会社ハブ	フードサービス、飲食	東証プライム	5.82
8	株式会社モスフードサービス	フードサービス、飲食	東証プライム	5.62
9	株式会社サッポロライオン	フードサービス、飲食		5.62
10	株式会社ゼットン	フードサービス、飲食	名証ネクスト	5.55
11	株式会社物語コーポレーション	フードサービス、飲食	東証プライム	5.54
12	日本マクドナルドホールディングス株式会社	フードサービス、飲食	東証スタンダード	5.52
13	株式会社なか卯	フードサービス、飲食		5.47
14	ユーシーシーフードサービスシステムズ株式会社	フードサービス、飲食		5.42
15	株式会社重光	フードサービス、飲食		5.40

※ランキングの評価点・クチコミ件数などは集計時点の数値となるため、「OpenWork」各企業ページで掲載している数値と異なる場合があります。

※OpenWorkのデータベース上、フードサービス・飲食業界に属する企業を対象の投稿が一定数以上集まった企業を集計対象としています。

※上記対象企業の中から、残業時間と有給休暇消化率をスコア化し、WLBスコアとして集計（集計期間：2007年7月～2022年3月）。

※集計には“最新性”・“回答者数”・“乖離性”などを反映させています。

「飲食業界でWLBが良い企業」の特徴

「フードサービス・飲食業界」で「ワーク・ライフ・バランス」が優れていると評価されている企業の特徴についての説明に入る前に、1つ断りを入れておきたい。

残念ながら他のランキングに比べると、ランクインしている企業でも店舗運営という事業構造上、ワーク・ライフ・バランスにはまだまだ課題が残っているようだった。そういった前提をもった上で、ランキングをご覧いただきたい。

会社としてワーク・ライフ・バランスに注力する姿勢

「ワーク・ライフ・バランスがとれるかとれないかは、配属される部署・店舗による」。ランクインした多くの企業で、このようなコメントが見られた。店舗展開型の「フードサービス・飲食業界」では宿命ともいえる課題であり、これは仕方のないことと捉えたほうがよいかもしれない。

その中でも、WLBスコアが高い企業には「会社として努力する強い意志と姿勢」があることがわかった。会社として、法令順守意識の徹底やワーク・ライフ・バランスの改善が重要だと全社的に表明している会社が多いようだ。

Pick Up! 惜しくもランキングに入らなかった優良企業

LINDT & SPRUNGLI JAPAN株式会社

1845年設立。チョコレートを中心とした菓子の製造・販売や関連店舗・オンラインショップの運営を行うスイスの企業であるリンツ&シュプルングリーの日本法人。「有給」「シフト」「希望どおり」といったキーワードが多く投稿されている。

「飲食業に休日が少ないのはつきものだが、この会社は、月公休が9日もある。他の飲食業よりは多いと思う。有給の取得を積極的に行うものとしているのも良い。さらに、会社独自で行っているレインボー休暇というものがあり、年に1回自分の好きな日に7日間の休暇を設定できる」
（株式会社物語コーポレーション、営業、在籍5年未満）

「店舗勤務だと、その店の営業時間の長さや従業員の充足度によって変わってきます。会社としてワーク・ライフ・バランスをとることを重要視しているため、他の飲食業に比べるとバランスはとれると思います」（スターバックス コーヒー ジャパン株式会社、ストアマネージャー、在籍10年以上）

「法令順守が徹底されており、いかなる法令違反も絶対にしないという姿勢が企業としてある」
（日本マクドナルドホールディングス株式会社、店長、在籍20年以上）

ワーク・ライフ・バランス以外も高評価

本ランキングは、残業時間と有給休暇消化率をスコア化した「ＷＬＢスコア」を活用しているが、ランキングには関係ない他評価項目や定性的なクチコミにも高い評価が目立った。

特に多く見られたのが、「人材育成」「評価制度の適正感」「仕事のやりがい」といったコメントだ。ワーク・ライフ・バランスはその名のとおり、ライフだけでなくワークも大切になるため、結果として総合評価の高い企業がランクインしているのかもしれない。

「アルバイト人材の育成やマネジメント経験は、どの会社に入っても役に立つキャリアだと思う。それぞれの得意なことや性格を把握して、短い労働時間で売上が上がるように考えることは、飲食業界でなくても通じるものがあると思う」（株式会社スープストックトーキョー、店長、在籍5年未満）

「人事・評価制度は整っており、その適正感も高い。個人の取り組み・成果に関してはきちんと評価（給与などにも反映）されるので、その点においては働きがいを感じる」（クリスピー・クリーム・ドーナツ・ジャパン株式会社、販売・製造、在籍5～10年）

「積極的に投資をする会社で、既存のブランドだけではなく、常に新しいブランドを考案し、実現し続けています。それだけに他社と比較してキャリアアップがしやすく、多様な資質が活かせます。またD&Iを推進しており、社内で差別などはなく、むしろ働きやすい環境ではないかと思います」（株式会社物語コーポレーション、マネージャー、在籍5～10年）

「飲食業界でWLBが悪い企業」の特徴

「フードサービス・飲食業界」で低評価を受けている企業では、「労務管理不足」「低い法令順守意識」「低い報酬水準」といったコメントが目立った。

アルバイト不足が叫ばれる飲食店の現場では、それを社員が補うことで社員のワーク・ライフ・バランスが低下するという声が多く見られた。特に、コロナ禍において繁閑の見通しが立たず、アルバイト人材の採用や配置のコントロールが難しくなっていることも原因の1つのようだ。一見、改善の難しい問題だが、近年ではスポットでのアルバイト募集サービスも進化しており、適応できている会社と社員へのしわ寄せが増え続けている会社とで明暗が分かれた形だ。

また、「WLBスコア」が高い会社でも、総合評価が低くランクインしなかった会社の多くは、「待遇の満足度」が影響しているようだった。「フードサービス・飲食業界」の「待遇の満足度」の平均は5点満点中2・9点と高くないが、上位企業は比較的スコアが高い傾向にあったため、経営者は妥協せず向き合う必要があるだろう。

「フードサービス・飲食業界」で上場している企業は多い。投資家としては、店舗展開数や売上、商品力以外にも、目に見えない従業員エンゲージメントや人材調達力を投資判断の材料の1つに入れることをおすすめしたい。

PART

6

企業形態別に探す

超優良企業55社

The very best companies
found by
analysing 13,000,000 reviews.

CHAPTER 17

これが社員の「生の声」だ！

Good!

理念に沿った長期視点をもち
独自の事業・組織運営をすることで、
唯一無二のポジションを確立している。
待遇や労働環境も
他社と比べ充実しており
意外にも優秀な人材が集まっている

未上場の日系企業から選ぶ超優良企業20社

——未上場でも「上場企業以上」の企業は多い

CHAPTER 17 POINT

上場企業を超える「お宝企業」がけっこうある

このランキングでは、OpenWorkに投稿された社員クチコミのうち、「未上場企業」かつ「日系企業・組織」に関する評価に限定し、「総合評価」を集計した。

「総合評価」は、８つの評価項目点（「待遇面の満足度」「社員の士気」「風通しの良さ」「社員の相互尊重」「20代成長環境」「人材の長期育成」「法令順守意識」「人事評価の適正感」）をもとに、独自のアルゴリズムにより算出している。

これまで紹介してきたランキングでは、外資系企業、上場企業のランクインが目立った。ただ、実は日系企業・未上場企業でも、従業員・元従業員から高く評価されている会社はたくさん存在する。どのような企業が高く評価されているのかを紹介したい。

99・9％の選択肢

日本取引所グループに上場している企業は３８３１社（※１）であるのに対し、全国の企業数は約３６７万社（※２）となっている。すなわち、上場企業は全国の企業数の約０・１％にすぎ

○ Good!企業にありがちなコメント

設計業界で有数の会社であり、世界的にも組織設計事務所としてトップ5に入る。素晴らしい作品を数多くつくり上げており、組織事務所としては日本ナンバーワンの地位を誇る（株式会社日建設計、設計、在籍10年以上）

業務時間以外の無駄な拘束時間がほとんどない。四半期面談や研修制度などを無駄だと思う人には最適だと思う（株式会社リツアンSTC、機械設計、在籍5年未満）

ず、約99・9％が未上場企業なのである。

また、「株式会社」だけでなく、「一般社団法人」や「一般財団法人」「ＮＰＯ法人」「官公庁」「特殊法人」など、働く先はたくさんある。意外にもこういった組織は、働き手から高く評価を受けていることも多い。

企業の全体数を考えると、求職者はなにも上場企業だけに絞って会社を探す必要はないだろう。時折、意地でも上場企業に勤めたいという方を見かけるが、世の中における法人組織の比率を考えると、その考えに固執しすぎるのは合理的ではないかもしれない。

また余計なお世話かもしれないが、このランキングは未上場企業の経営者の方にも注目いただきたい。「うちは上場していないから……」を言い訳に、あらゆる組織課題を後回しにしている経営者も見かけるが、未上場企業でも従業員から高く評価されている企業がたくさんあることをお伝えしたい。

（※1）日本取引所グループ発表「上場会社数・上場株式数」２０２２年7月15日時点

（※2）総務省・経済産業省「令和3年経済センサス 活動調査 速報集計 結果の概要」令和4年5月31日

×
Bad! 企業にありがちなコメント

一族経営で、創業家系の意見が強すぎるため、社員・部長の意見はあってないようなものである。また、外部顧問が会社の人事権に介入でき、気に入られると出世が早い（医薬品・医療機器、研究、在籍5～10年）

基本的に昭和の凝り固まった考え方の人間が多いです。50代以上の社員は年功序列で昇進しただけで仕事が何もできない役席も多くいます（銀行、金融、在籍5年未満）

注目企業の概要

第2位　サントリーホールディングス株式会社

1899年創業。「The PREMIUM MALT'S」などさまざまな飲料品を開発・販売する以外にも、健康食品事業や研究開発も行うサントリーグループの親会社。「グローバル」「ビール」「やってみなはれ」といったキーワードが多く投稿されている。

PICK UP クチコミ

「やってみなはれ」の文化が根付いており、多くの社員が愛社精神にあふれている。温かい人も多い。これがこの会社の強みだと思う。やる気があれば挑戦させてもらえる風土がある（新卒、マーケティング、在籍10年以上）

第5位　株式会社コーポレイト ディレクション

1986年設立。経営戦略立案および実地支援などのコンサルティング業務を、経営トップ層だけでなくミドル層へのアプローチと同時に行うコンサルティング企業。「新卒」「優秀」「育成」といったキーワードが多く投稿されている。

PICK UP クチコミ

個人として活躍することを志向する人たちが自由・自律の精神のもと集まるプラットフォームのような場である、という共通理解があるため、働き方や活動の自由度が非常に高い（新卒、コンサルタント、在籍5年未満）

第6位　一般財団法人電力中央研究所

1951年設立。50年以上にわたる電気事業に関連する研究活動をもとに、先駆的な提言を行っている研究機関。「研究」「国際」「国内」といったキーワードが多く投稿されている。

PICK UP クチコミ

多様な分野の専門知識と経験を有した人材が集まっている。国内外の研究所とコミュニケーションを取っており、先端技術に触れながらその開発も行うことができる（新卒、研究職、在籍5～10年）

「未上場日系企業」の総合評価トップ20

順位	企業名	業界	上場市場	総合評価
1	株式会社ISSリアライズ （旧：井上特殊鋼株式会社）	鉄鋼、非鉄金属		4.550
2	サントリーホールディングス株式会社	食品、飲料		4.510
3	株式会社日建設計	建築、土木、 設備工事		4.424
4	特許庁	官公庁		4.424
5	株式会社コーポレイト ディレクション	コンサルティング、 シンクタンク		4.412
6	一般財団法人電力中央研究所	独立行政、社団、 財団、学校法人		4.373
7	株式会社経営共創基盤	コンサルティング、 シンクタンク		4.295
8	株式会社アシスト	SIer、ソフト開発、 システム運用		4.292
9	株式会社守谷《もりたに》商会	機械関連		4.270
10	EBA株式会社	インターネット		4.152
11	株式会社竹中工務店	建築、土木、 設備工事		4.113
12	Sky株式会社	SIer、ソフト開発、 システム運用		4.101
13	株式会社Plan・Do・See	冠婚葬祭		4.065
14	ブレーンバンク株式会社（四谷学院）	教育、研修サービス		4.021
15	聖路加国際病院	病院、医療機関		3.959
16	株式会社タウ	自動車、自動車部品、 輸送機器		3.957
17	株式会社リツアンSTC	人材サービス		3.956
18	株式会社ケアリッツ・アンド・パートナーズ	介護、 福祉関連サービス		3.942
19	プリモ・ジャパン株式会社	ファッション、 アパレル、繊維		3.940
20	株式会社揚羽	広告代理店、PR、 SP、デザイン		3.923

※ランキングの評価点・クチコミ件数などは集計時点の数値となるため、「OpenWork」各企業ページで掲載している数値と異なる場合があります。

※集計期間に投稿があった対象データから、一定数以上集まった未上場且つ日系企業を集計対象としています（集計期間：2007年7月～2022年3月）。

※集計には“最新性”・“回答者数”・“乖離性”などを反映させています。

「評価が高い未上場日系企業」の特徴

「未上場企業」かつ「日系企業」で「総合評価」が高い会社・組織にはどのような共通項があるか、分析していきたい。

1000名超えの未上場企業・官公庁には、組織拡大ができたそれなりの理由がある

未上場企業と聞くと、従業員数規模の少ない企業を想像する方が多い。しかしサントリーホールディングス株式会社のように非常に知名度が高く、ブランドもある大企業で未上場な企業もある。また、特許庁のように官公庁として非常に多くの職員を採用しながら、高評価を得ている組織もある。

共通点があるわけではないが、未上場ながらに組織をここまで拡大できているのには、それぞれの企業・組織に「風土」「成長環境」「仕事内容」「待遇」など、独自の理由があるようだ。

「安定的な事業成長と海外展開という点で、入社当初に思い描いていたとおりに会社は成長してきたと考えている。海外拠点への人材配置を増やすことで、将来的にグローバルなリーダーを

増やそうとする試みも行われており、海外勤務を志す人にとって良い環境が整っている」（サントリーホールディングス株式会社、総合職、在籍10年以上）

「審査官1人ひとりが、特許権の付与という絶大な許認可権限を持ちます。とてもやりがいのある仕事です。幅広い技術と法令に対する理解、なにより高い倫理観が求められます。特許査定を出したら、特許公報に審査をした自分の名が載ります。多くの人は、自然と高いプライドを持って、自分の名に恥じない仕事をすることになります。また間違いなく、特許のプロフェッショナルになることができる。この経験は、特許庁を離れても役立つものと信じている」（特許庁、審査官、在籍5～10年）

「給料は他の大手の日経ＩＴ企業に比べるとかなり高いと感じる。基本給ではなくインセンティブによる収入が多いため、今後の業績次第で給与の変動はありうる」（株式会社アシスト、エンジニア、在籍5～10年）

未上場ならではの独自の経営スタイル

海外にある本社からの方針伝達もなければ、不特定多数の株主とのコミュニケーションもないことが起因しているのか、上位にランクインした企業には独自の経営スタイルで事業・組織を運営しているというコメントが散見された。

ただし、評価の低い企業を見ると、この独自の経営スタイルが悪い方向に働いているケースもある。「独自の経営スタイル」が必ずしも良いとは限らないことに注意いただきたい。

「診療科が多く、最新の医療を学べる。大学・大学院もあるため勉強会の機会も多い。多職種連携がよくできていると思う」（聖路加国際病院、看護師、在籍5年未満）

「コンサルティングファームにおいては異色と言えるほど、事業価値への忠実性を重視している。すなわち、顧客におもねるのではなく、時には顧客にとって不都合・不愉快な内容であっても真実を重要視する」（株式会社経営共創基盤、コンサルタント、在籍5～10年）

「電力会社などのプラント運用に研究成果が反映されたり、学会発表や論文投稿を通じて社会への学術的な貢献ができるところにやりがいを感じる。人事評価は主に電力会社向けの研究報告書や論文・学会発表の数といった成果面と、社内の円滑な業務遂行に貢献できたかという行動面により評価される」（一般財団法人電力中央研究所、研究員、在籍10年以上）

「評価が低い未上場日系企業」の特徴

対象企業が非常に多く一概には言えないが、未上場日系企業の中で従業員・元従業員から低評価を受けている企業の中には、「タコツボ化現象」が起きている企業が多く見られた。外部資本が入っていないことが悪い方向に働いており、端的に言えばガバナンスが効いていないと感じざるをえない状態だ。

たとえば創業者一族の経営に対し、周囲が物申せない状態になり、経営に客観性を持てていないというコメントが散見された。また、年功序列の影響でパフォーマンスが出せない人材が役職者として居座ってしまっているというコメントも見られた。理由としては、外部からの圧力が少ない分、経営合理性が失われやすいことが考えられる。

経営者や人事部においては、自社が「タコツボ化」していないかを客観的に把握することをおすすめする。他社と比較できる従業員エンゲージメント調査ツールは世の中に多く存在し、客観的に自社を見つめ直すきっかけになる。また、外部から新しい人材を採用・抜擢することで、組織の腐敗を止めることもおすすめしたい。

求職者も、地場の有名な会社に入る際は、「タコツボ化」していないかを確認するようにしよう。合理的でない意思決定が日常的に行われる職場は、将来的にあなたを苦しめるかもしれない。

CHAPTER 18

これが社員の「生の声」だ！

Good!

日常から海外の同僚と協働することもあり、
ポジションと希望がうまくあえば
海外拠点でのプロジェクトに参画もできる。
人を大切にする風土、
報酬制度、成長環境など
すべてが高い水準であり満足している

外資系企業から選ぶ超優良企業20社

――「自立・自律」人材でないとミスマッチも

CHAPTER
18
POINT

厳しさもあるが、得られるものも大きい環境

このランキングでは、OpenWorkに投稿された社員クチコミのうち「外資系企業」に関する評価に限定し、「総合評価」を集計した。総合評価の説明はCHAPTER17にて説明しているので、参考にしていただきたい。外資系企業の定義は経済産業省の調査で用いられた定義を利用した（※1）。

これまで紹介してきたランキングでは、外資系企業のランクインが目立った。本ランキングでは、上位に多くの企業がランクインする外資系企業の中でも、とくに従業員・元従業員から評価の高い企業を紹介したい。また、どのような点が評価されているのか、日系企業として参考になるポイントがあるのかを考察していきたい。

意外に多い外資系企業

経済産業省が実施した「外資系企業動向調査 令和2年（2020年）調査結果」によれば、調

Good! 企業にありがちなコメント

グローバル企業ということもあり、他部署や上層部への連絡は非常に取りやすい。また、社員に信頼を置き働きやすい環境づくりに非常に力を入れている（シスコシステムズ合同会社、エンジニア、在籍5年未満）

一般的にもらえる給与とは一線を画すと思われる。日本企業のように、自動で昇進はしない。空いてる上席ポジションへ自ら応募をする必要があり、常に自身の能力開発を求められる（アメリカン・エキスプレス・インターナショナル・インコーポレイテッド、営業、在籍5～10年）

査対象となった外資系企業は5748社（うち調査回収でき、操業中の企業は2808社）であった。前項で紹介したとおり、日本取引所グループに上場している企業は3831社（※2022年7月15日時点）であるため、実は上場企業と同数程度の外資系企業が日本で操業していることとなる。

本書で紹介したさまざまなランキングで上位に入ってくることや、この後で紹介する社員クチコミや考察からもわかるように、非常に魅力的な企業が多く、求職者には、就業先の1つとして検討することをおすすめしたい。

私自身もランクインしている企業の経営者や人事の方に直接取材をさせていただくことがあったが、従業員をとても大切にしている会社が多く、従来の外資系企業のイメージを大きく覆すこととなった。

ただ、いわゆる日系企業とは文化や評価体系、育成環境などが異なる面もあり、向いていない人にとってはとことん向いていないと感じるのも事実である。突然の解雇といったニュースも、時折耳にする。ぜひ、現在働いている方・過去に働いていた方の声を聞き、自分のキャリアにとってプラスになる環境かどうかを考えていただきたい。

（※1）経済産業省「第54回　外資系企業動向調査　令和2年（2020年）調査結果」令和元年度（2019年度実績）

×
Bad! 企業にありがちなコメント

世界的に有名なメーカーのグループに属している点から、開発研究、人材育成、マーケティング戦略面で卓越している印象をもっていた。しかし、開発品のローンチ期日を守らない。営業担当の人材育成はコーチングスキルがまったくない営業マネージャーが行うため、営業スキル、専門知識は身につかない。マーケティング部も業界知識が不十分で会社の舵取りができる人材は誰もいない。以上のことから国内でトップがとれるわけもなく、マーケットの最下層をひた走る状況（医薬品・医療機器、営業、在籍5～10年）

注目企業の概要

第9位　マスワークス合同会社

1984年設立。データ解析やアルゴリズム開発が行える統合開発環境である「MATLAB」とモデリングとシミュレーションを行える「Simulink」を開発・販売する。「プロダクト」「強力」「ツール」といったキーワードが多く投稿されている。

PICK UP クチコミ

年俸制+四半期ごとの業績ボーナスです。企業として安定していて、雇用も安定している分、米系の企業としては報酬は普通ですが、他に多くの魅力があります（中途、エンジニア、在籍5年未満）

第15位　アバナード株式会社

2005年設立。アクセンチュアとマイクロソフトのジョイントベンチャーとして誕生した企業の日本法人で、MSテクノロジーに特化したSIer。「人材」「MS」「アクセンチュア」といったキーワードが多く投稿されている。

PICK UP クチコミ

技術力の高い人材が多い。社内の情報蓄積・共有を利用して業務上のさまざまな問題が解決できる。最先端のテクノロジーを扱ったプロジェクトに携われる機会もある（中途、システムコンサルタント、在籍10年以上）

第17位　マース ジャパン リミテッド

1975年設立。アメリカの食料品会社マース インコーポレイテッドの日本法人で、「Sheba」などのペットフードや「SNICKERS」などのスナック菓子などの輸入販売を行う。「マーケティング」「ブランド」「業界」といったキーワードが多く投稿されている。

PICK UP クチコミ

給与は業界でも高い水準。理由は同業他社のトップ何%かの給与レンジに設定することを義務付けているから（中途、マーケティング、在籍5～10年）

「外資系企業」の総合評価トップ20

順位	企業名	業界	上場市場	総合評価
1	グーグル合同会社	インターネット		4.761
2	株式会社セールスフォース・ジャパン （旧：株式会社セールスフォース・ドットコム）	SIer、ソフト開発、システム運用		4.656
3	P&Gジャパン合同会社 （旧：プロクター・アンド・ギャンブル・ジャパン株式会社）	日用品、化粧品		4.624
4	Facebook Japan株式会社	インターネット		4.599
5	プルデンシャル生命保険株式会社	生命保険、損害保険		4.504
6	ゴールドマン・サックス証券株式会社	証券会社、投資ファンド、投資関連		4.488
7	アマゾン ウェブ サービス ジャパン合同会社 （旧：アマゾン ウェブ サービス ジャパン株式会社）	SIer、ソフト開発、システム運用		4.438
8	シスコシステムズ合同会社	コンピュータ、通信機器、OA機器関連		4.363
9	マスワークス合同会社	SIer、ソフト開発、システム運用		4.321
10	日本アイ・ビー・エム システムズ・エンジニアリング株式会社	SIer、ソフト開発、システム運用		4.305
11	AvePoint Japan株式会社	SIer、ソフト開発、システム運用		4.298
12	Twitter Japan株式会社	インターネット		4.269
13	オートデスク株式会社	SIer、ソフト開発、システム運用		4.267
14	株式会社KPMG FAS	証券会社、投資ファンド、投資関連		4.248
15	アバナード株式会社	SIer、ソフト開発、システム運用		4.246
16	アクセンチュア株式会社	コンサルティング、シンクタンク		4.245
17	マース ジャパン リミテッド	食品、飲料		4.241
18	アメリカン・エキスプレス・インターナショナル・インコーポレイテッド	クレジット、信販、リース		4.240
19	日本マイクロソフト株式会社	SIer、ソフト開発、システム運用		4.228
20	株式会社ローランド・ベルガー	コンサルティング、シンクタンク		4.211

※ランキングの評価点・クチコミ件数などは集計時点の数値となるため、「OpenWork」各企業ページで掲載している数値と異なる場合があります。

※集計期間に投稿があった対象データから、一定数以上集まった外資系企業を集計対象としています（集計期間：2007年7月～2022年3月）。

※殿堂入り企業（COLUMN1を参照）は集計対象外としています。

※外資系企業の定義は、経済産業省が毎年実施している動向調査（215ページの※1）で提示されている条件に基づく。

※集計には“最新性”・“回答者数”・“乖離性”などを反映させています。

「評価が高い外資系企業」の特徴

「外資系」で「総合評価」が高い会社・組織にはどのような共通項があるかを分析していきたい。

海外を見据えたキャリア開発

ランクインしたすべての企業ではないが、比較的多くの企業で見られたコメントが、ビジネスで使える語学の研鑽や海外でのキャリアを見据えた成長環境についてだった。日常業務の中で世界中の同僚とやり取りする機会があったり、海外拠点への異動可能性があることは、海外でのキャリアを見据える求職者にとっては優良な環境となっているようだった。

一方で、海外拠点への異動に関しては当たり前ではあるが、「成果創出」「言語レベルも含めたポジションへのマッチ度」が求められるため、そう簡単ではないというコメントが寄せられていた。相応の努力が求められることは言うまでもないだろう。

「自分のやりたいこと、キャリアプランなどを定期的にマネージャーと壁打ちして、やりたいことに近いプロジェクトなどを与えてもらえます。なので、伸ばしたいスキルを着実に伸ばすこと

Pick Up! 惜しくもランキングに入らなかった優良企業

アカマイ・テクノロジーズ合同会社

2003年設立。ネットワークのセキュリティやデリバリー事業を行う、世界最大のEdgeプラットフォームを持つアメリカの企業の日本法人。「CDN」「プラットフォーム」「技術」といったキーワードが多く投稿されている。

ができると感じます。英語ができることが大前提で、キャリアは築きやすいと感じます。海外への転籍や、日本にいながらAPAC（アジア太平洋エリア）の仕事ができる点などもとても良いと感じます」（グーグル合同会社、プロダクト、在籍5年未満）

「さまざまな業界のプロジェクトが豊富にあり、職務内容も経営からITまで幅広い。多様なプロジェクトに取り組みたい人にも専門分野を突き詰めたい人にもおすすめできる。また、海外のオフィスへの移動も可能であり、海外に活躍の場を求めたい、海外移住したい人にも良いと思う」（アクセンチュア株式会社、コンサルタント、在籍10年以上）

超レア出現。オールラウンド型

OpenWorkには1件以上の社員クチコミが投稿されている企業が6万社以上あるが、8つの定量的な評価がすべて高い「オールラウンド型」はほとんど出現しない。しかし、ランクインした外資系企業のいくつかは、この「オールラウンド型」となっている。国境を越えて事業と組織が拡大する仕組み・工夫は参考になるものが多い。

「『Trust（信頼）、Customer Success（カスタマーサクセス）、Innovation（イノベーション）、Equality（平等）』をCore valuesに掲げていて、非常に風通しが良い。社歴・年齢・役職などの属性を問わず自由に意見を言うことができ、言いにくさもない。福利厚生も充実しており、社員

Pick Up! 惜しくもランキングに入らなかった優良企業

BofA証券株式会社

1998年設立。アメリカのノースカロライナに本社を置く銀行の日本法人で、ホールセール専門の証券会社。「優秀」「グローバル」「個人」といったキーワードが多く投稿されている。

オールラウンド型企業の評価スコア例

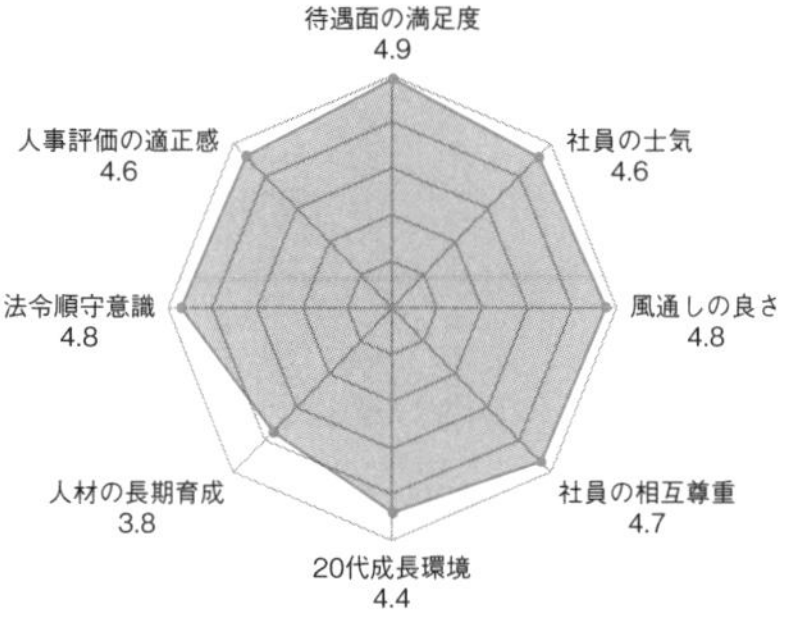

の健康を大切にしているという本社のメッセージは感じ取れる」（株式会社セールスフォース・ジャパン、バックオフィス、在籍5年未満）

「Straight Talk（本音で思ったことを言い合う）、Feedback is gift（フィードバックをギフトとして前向きに捉えて受け止める）など、上下左右関係なくお互いにビジネス／相手の成長にとって必要なことは風通し良く伝え合うという風土が言葉に表されて浸透しています」（P&Gジャパン合同会社、人事、在籍5～10年）

Pick Up! 惜しくもランキングに入らなかった優良企業

SHPPジャパン合同会社

1976年設立。サウジアラビアに本社を置く世界的な化学会社の日本法人で、各種プラスチックや特殊フィルム・シートの製造・販売を行っている。「規模」「競争力」「コスト」といったキーワードが多く投稿されている。

「評価が低い外資系企業」の特徴

全体的に高く評価されている外資系企業の中で低評価を受けている企業には、2つの共通点があった。

1点目は、「グローバルブランドに憧れて入社した結果、期待とは大きく異なった」というクチコミだ。世界的に有名なブランドはある一方で、展開する商材が日本市場ではなかなか受け入れられず、結果として賞与が下がり、報酬面の魅力も薄れているといったコメントが散見された。

2点目は、「思っていたよりもハードな環境だった」というコメントだ。仕事内容や報酬面に魅力を感じて入社したものの、スピード感や求められる成果の基準の高さなどについていくことができず、退職を決意したというコメントが見られた。

主に求職者向けのアドバイスとなるが、「自立・自律的に成果創出に向け努力できるタイプ」のほうが外資系企業には向いているかもしれない。華々しいグローバルブランドや、高い従業員からの評価は、大前提としてキャリアオーナーシップを持った個々人の努力の上に成り立っていることを理解しておくべきだろう。

経営者や人事部にとっても、表層上の組織施策だけを真似すると痛い目をみることになる。前提として「自立・自律的な従業員」を揃えた上で、参考にしていただきたい。

Pick Up! 惜しくもランキングに入らなかった優良企業

大阪ヒルトン株式会社

1982年設立。アメリカの多国籍企業であるヒルトン・ワールドワイド・ホールディングスが世界で500以上を展開するホテル・リゾートの1つであるヒルトン大阪を運営する企業。「英語」「ブランド」「グローバル」といったキーワードが多く投稿されている。

CHAPTER 19

これが社員の「生の声」だ!

Good!

MVVに沿って新しい事業を展開し
事業も組織も急成長を遂げている。
ブランドや組織・人材への投資も怠らず、
同僚のレベル、組織風土、
報酬水準、成長環境と
すべてが高水準で、働いて楽しいと感じる

ベンチャー企業から選ぶ超優良企業15社

——「ベンチャーだから」に甘えない企業が高評価

CHAPTER 19 POINT

「ミッション」「ビジョン」「バリュー」が重要

このランキングでは、OpenWorkに投稿された社員クチコミのうち「ベンチャー企業」に関する評価に限定し、「総合評価」を集計した。総合評価についてはCHAPTER17で説明しているので、参考にしていただきたい。

ここでは便宜上、ベンチャー企業の定義を2007年以降創業（2021年末時点で設立15年以内）として集計をしている。創業年は古いものの第二創業として急成長している優良企業もあるのだが、定義が広がりすぎるとキリがないため、この定義で集計することとした。

また、ランキングデータとして堪えうるだけの社員クチコミ投稿数がないためランクインしていないが、創業間もないスタートアップの中にも優良企業は多数存在している。最近ではスタートアップの報酬水準や体制もレベルが上がっており、少ない社員クチコミからも素敵な企業ということが見てとれるので、仕事探しの際はぜひ、スタートアップも見てみることをおすすめしたい。

○ Good!企業にありがちなコメント

ベンチャー企業ならではのスピード感・変化に対する柔軟性は若手はもちろんのこと、経営層が常に体現している。経営層との距離も非常に近く、いつでも誰でも意見ができる環境である。会社をより良くするため、社員全員でディスカッションをする機会も定期的に設けられており風通しは良い。会社が大事にしている行動規範の1つに「COMPASSION」があり、思いやりや気遣いができる社員が多い（株式会社プロレド・パートナーズ、Webエンジニア）

スタートアップ・ベンチャー振興が加速する可能性の高い日本

2022年3月に、経団連より「スタートアップ躍進ビジョン」が発表され、「2027年までにユニコーン企業（企業価値が10億ドル以上の未上場企業）を100社、スタートアップ企業を10万社」に増やす目標・提言が発表された（※1）。また、2022年6月に政府は「新しい資本主義のグランドデザイン及び実行計画」を閣議決定し、スタートアップ数の「5年10倍増」を視野に入れた5カ年計画を年度末に策定予定だと発表、スタートアップを支援する担当閣僚を新設する調整に入ったと報じられた（※2）。

本書を執筆している時点では具体的な案までは発表されていないが、国としてスタートアップやベンチャー振興に力を入れていく方針は間違いないように思われる。そのような背景からも、投資家や求職者にとっては注目すべき領域である。また、これから起業を考えている未来の経営者にとって参考になるクチコミも紹介していきたい。

（※1）内閣官房　新しい資本主義実現本部「新しい資本主義のグランドデザイン及び実行計画」令和4年6月7日

（※2）「スタートアップ担当相新設　政府調整、企業支援を拡充」『日本経済新聞』2022年7月4日

Bad! 企業にありがちなコメント

（退職理由として）独裁国家のような社風のため、この会社では自分自身成長しないと思ったから。在宅勤務という言葉すら出てこないから（日用品・化粧品、Web）

率直に言うとどこに向かっているかわからない会社と言ったところです。マンパワー不足のため残業時間はかなり多くなります。そのため離職者が続出しており、その負荷が残ったメンバーにかかるという負のスパイラルになっているかなと感じます（コンサルティング・シンクタンク、営業）

注目企業の概要

第6位　Sansan株式会社

2007年設立。営業DXサービスである「Sansan」や名刺管理ができるキャリアプロフィールアプリの「Eight」などを開発・運営する。東証プライム市場上場。「SaaS」「目標」「成長」といったキーワードが多く投稿されている。

PICK UP クチコミ

ミッション、ビジョンの浸透がなされており、意識共有しやすい。社内コミュニケーションを活性化するための制度や仕組みも備わっており、闊達な企業文化である（新卒、プロダクト）

第8位　株式会社リツアンSTC

2007年設立。マージン率の低さから給与水準の高さを実現し、透明性の高い求人情報や取引先の8割が大手企業という特徴をもったエンジニア派遣会社。「成長」「派遣」「マージン」といったキーワードが多く投稿されている。

PICK UP クチコミ

ホームページの記載どおり、エンジニアへの還元を第一としている。SES会社にありがちな無駄な会議・形式だけの帰社日などの設定が一切ない（中途、Webデベロッパー）

第11位　株式会社グッドパッチ

2011年設立。UI/UXデザインを強みとして、デザインパートナー事業とデザインプラットフォーム事業を展開する。「クライアント」「成果」「キャリア」といったキーワードが多く投稿されている。

PICK UP クチコミ

2～3年目からプロジェクトのメインデザイナーとして単独アサインされることもあるのでプレッシャーはあるが、成長する機会でもある（中途、デザイナー）

「ベンチャー企業」の総合評価トップ15

順位	企業名	業界	上場市場	総合評価
1	**株式会社ユーザベース**	インターネット	東証グロース	4.473
2	**freee株式会社**	SIer、ソフト開発、システム運用	東証グロース	4.397
3	**株式会社経営共創基盤**	コンサルティング、シンクタンク		4.295
4	**EBA株式会社**	インターネット		4.152
5	**Unipos株式会社** （旧：Fringe81株式会社）	インターネット	東証グロース	4.117
6	**Sansan株式会社**	SIer、ソフト開発、システム運用	東証プライム	4.070
7	**株式会社プロレド・パートナーズ**	コンサルティング、シンクタンク	東証プライム	3.961
8	**株式会社リツアンSTC**	人材サービス		3.956
9	**株式会社ビズリーチ**	インターネット	東証グロース（★）	3.946
10	**株式会社ケアリッツ・アンド・パートナーズ**	介護、福祉関連サービス		3.942
11	**株式会社グッドパッチ**	SIer、ソフト開発、システム運用	東証グロース	3.908
12	**株式会社メルカリ**	インターネット	東証プライム	3.842
13	**株式会社メドレー**	インターネット	東証グロース	3.836
14	**株式会社マイクロアド**	インターネット	東証グロース	3.832
15	**株式会社トライバルメディアハウス**	広告代理店、PR、SP、デザイン		3.821

※ランキングの評価点・クチコミ件数などは集計時点の数値となるため、「OpenWork」各企業ページで掲載している数値と異なる場合があります。

※集計期間に投稿があった対象データから、ベンチャー企業（2007年以降創業）を集計対象としています（集計期間：2007年7月～2022年3月）。

※上場企業の100％子会社や、分社化・ホールディングス化などにより設立年が2007年以降になった企業は除いています。

※集計には“最新性”・“回答者数”・“乖離性”などを反映させています。

※★は持株会社である親会社が上場しており、該当企業が中核子会社であることを指します。

「評価の高いベンチャー企業」の特徴

「総合評価」の観点で高く評価されている「ベンチャー企業」には、どのような共通項があるかを分析していきたい。なお、2007年以降創業企業を対象としているため、すでにメガベンチャーという表現のほうが適切な企業もランクインしていることをお断わりしておく。

成長を支えるMVVの浸透

ベンチャー企業らしく、MVV（Mission：理念、Vision：中長期目標、Value：行動指針）が事業や組織に色濃く反映されているといったコメントが散見された。絵に描いた餅になることなく、Mission・Visionに沿って独自の事業・サービスが展開されたり、Valueに沿って人材採用や育成、評価が行われることが、企業風土の醸成や企業成長に貢献しているようだった。

「『新しい可能性を、次々と。』というグループミッションと5つのバリューがあり、社内のさまざまなところでそれを体現している方が非常に多く、1500人を超えた今でも企業文化が浸透している。新卒、中途含め優秀な方が多く、インプット・アウトプットの量も多いため、成長しようというマインドの強い方にはおすすめ」（株式会社ビズリーチ、アカウントエグゼクティ

ブ）

「Be an Explorer とイデオロギーで掲げているとおり、未知への挑戦に対して称賛がされる文化があります。また挑戦に対しては、『まずやることが素晴らしい』という考え方も同時にあるため、挑戦した結果たとえ失敗したとしても、その結論に対して叱責したり理詰めにしたりすることがありません。どうしたら次は失敗しないのかを周囲の人も一緒に考えてくれるという健全な文化があります。こういった文化から、失敗を恐れずに挑戦し続けられる文化が形成・維持されていると感じます」（Unipos 株式会社、バックオフィス）

ベンチャーを言い訳にしない優秀人材獲得・リテンションの仕組み

ベンチャーといえば、熱狂的な組織、やりがいある仕事、圧倒的な成長環境といったイメージがあるかもしれないが、上位にランクインした企業はそれだけではなく、労働環境の整備にも熱心であった。優秀人材の採用やリテンションが年々難しくなっている中、ベンチャー企業ということに甘えることなく組織づくりに力を入れることが大切なようだ。

「プロダクトの特性から、生活や社会に興味がある人が多く、家族や自分のプライベートも大切にする人が多い。経営者が率先して育休や家族イベントを重視する姿勢を見せることから、子供が熱が出て帰るパパや家族のことが理由でＷＦＨ（Work From Home：在宅勤務）にするなど

かなり柔軟。制度以上に、そういったことを重視して当然の風土がある」（株式会社メルカリ、プロダクト）

「コンピテンシーと給与が連動しており、明確です。（給料は）ベンチャーの中では高いのと、会社業績がアップすれば給与テーブル自体を上げる動きをしてるのは良い点です。3カ月に1回の評価があり、コンピテンシーをクリアすれば給与もそこで変わるので、早い人だと毎四半期に評価され、最終的に1年で200万円以上給与が上がる人がいる」（株式会社ユーザベース、営業）

「調整しやすい。多くの従業員のカレンダーに幼稚園の送り迎えが入っていたり、全社会議に幼稚園に迎えに行った車内から参加する人がいたりする。有給を消化しきらない人がいると『なんで？』と聞かれるくらい休むのが当たり前の文化」（freee 株式会社、マーケティング）

「評価の低いベンチャー企業」の特徴

低評価を受けている「ベンチャー企業」の課題は「ガバナンス問題」「不明瞭な経営方針」「激務→退職→慢性的な人手不足」「マネジメント不全」「組織ルール不全」など、企業によってそれぞれ異なっていた。ベンチャー企業だから仕方ないという言い訳ができないことは、ランキング上位のベンチャー企業を見れば明らかである。

私自身もベンチャー企業を経営しており、前職でもベンチャー企業の組織人事コンサルティングに従事していたためよくわかるが、以前と比べると、スタートアップやベンチャー企業を取り巻く環境は格段に良くなっている。初期費用を抑えることができる上に効果も高いＨＲテックサービスが多々リリースされており、少ない投資でも従業員の働きやすさや働きがいを高めることができるようになっている。好不調はあるが資金調達もしやすくなり、優秀な社員の採用や報酬設定も可能になった。経営者においては、「うちはベンチャーだから……」という免罪符は使えなくなってきていることを理解するべきだろう。

また、求職者も、昔ほどベンチャー企業への就職を恐れる必要はないだろう。ビジネスキャリアとして稀有な経験が積めるかもしれない。しかし高評価とそうでない評価の企業の差は歴然なので、事前のリサーチを強くおすすめしたい。

おわりに

常に「質の高いクチコミ」を追求し続ける

OpenWork のスタートは２００７年。

当時はまだ企業から一方的に発信する情報しかなく、求職者は企業から「選ばれる」存在でした。もっと企業と求職者を対等に、情報の透明性を高め、個人がより主体的にキャリアを選べる社会をつくりたい。そんな想いでつくられたのが、実際に働く社員による企業評価とクチコミを掲載する OpenWork（当時は Vorkers）です。

設立から今まで、一貫して守り続けていることがあります。

それは、「質の高い情報を集める」ということ。

良い社員クチコミばかりを載せるということではありません。中立の立場で、ユーザーにとって価値のある情報を提供できているかどうか、情報の健全性に真摯に向き合っていくことが、OpenWork を運営する上での責任であると考えています。

ソーシャルメディアの特性上、投稿される社員クチコミ情報は投稿者の主観的な意見・感想も多く、OpenWorkが内容を保証できるものではありません。しかし、工夫と企業努力で極限まで質を高めることはできると考えています。

本書を執筆するにあたっても、同様の心構えで臨みました。

なぜ、ここまで質にこだわるのか。それは、社員クチコミ1件1件が、キャリアや投資における大きな決断に影響を与えることを確信しているからです。不正や意図的な操作は徹底的に排除し、投稿者1人ひとりが提供してくれた情報や想いを、1人でも多くの方に届けたいから。

人は、美しく整備された場所にゴミを捨てません。

それと同じように、価値ある情報のある場所には、自然と良質な情報が集まってくる。それが積み重なることで、経営やキャリアに真摯に向き合う人が増えていき、日本全体のジョブマーケットの質が高められていく。

そういったエコシステムを確立することが、私やOpenWorkの目標であり、本書がその一助になれば幸いと思い筆を執りました。

次に、謝辞を伝えさせてください。

まず、本書は東洋経済新報社の宇都宮徹さん、桑原哲也さんがいらっしゃらなければ実現しませんでした。知名度のない経営者が持ち込んだ企画に、嫌な顔ひとつせず、むしろ一緒に企画を磨き上げてくださったことに深く感謝いたします。

オープンワーク株式会社のデータサイエンティスト・データアナリストである本多雄太朗さん、和田慶さんにはランキングロジックの企画・作成で、広報・PRの堀本修平さん、恵川理加さん、大塚麻未さんにはランキングの企画や構成で、コンテンツマネジメントの毛利真実さん、坂橋史浩さんにはデータ抽出やデータの正確性の検証で、デザイナーの日浦晴子さんにはデザイン制作の一部で、社長室の木村光洋さんには企業情報の整備で、多大なる支援をいただきました。

また、15年前にVorkersを創業した増井慎二郎さん、15年もの間、社員クチコミの収集・審査・公開を続けてきたOpenWorkとVorkersに携わってくれたすべてのステークホルダーにも感謝いたします。本当にありがとうございました。

そして何より、良質な社員クチコミを投稿してくださり、日本最大級の社員クチコミサイトに育ててくださったすべての働く皆さまに、深く感謝いたします。

最後に図々しいお願いですが、少しでも本書が皆さまのお役に立ったようであれば、ぜひキャリアで困っている誰かのために、皆さまの声をOpenWorkに届けていただけないでしょうか。

本書での出会いをきっかけに、「ひとりひとりが輝く、ジョブマーケットを創る。」の旅を、皆さまと皆さまの声とご一緒できましたら幸いです。

【著者紹介】
大澤陽樹（おおさわ　はるき）
オープンワーク株式会社 代表取締役社長
働きがい研究所 所長
福島県出身。東京大学大学院新領域創成科学研究科修士課程修了。株式会社リンクアンドモチベーションに入社し、組織人事コンサルティング事業のマネジャーを経て、企画室室長に就任。従業員エンゲージメント市場で、国内売上シェア5年連続No.1のモチベーションクラウドの立ち上げに従事。2018年、オープンワークに参画。執行役員、取締役副社長を経て、2020年より現職。「『働く』のすべてを、オープンに。」が信条。OpenWorkのデータを活用したオウンドメディア「働きがい研究所」の所長としても活動し、毎日数百件の社員クチコミを読み続ける「社員の声のプロ」。ビジネス誌・新聞などで「労働市場」「キャリア」「企業組織」に関する連載・寄稿多数。

OpenWorkとは
国内最大級の社員クチコミが掲載され、500万人を超えるユーザーが利用する転職・就職プラットフォーム。国内の就活生の2人に1人が利用する一方で、運用額世界トップ10に入るヘッジファンドからもデータを評価され、就職・転職・投資とあらゆる方面で活用されている。2018年にはOpenWorkデータを活用した論文が、日本証券アナリスト協会で優秀賞を受賞するなど、学術領域においてもデータの質の高さが証明されている。

クチコミ数【日本最大級】の転職・就職サイトに集まった
1300万件のクチコミでわかった超優良企業

2023年1月26日発行

著　者――大澤陽樹
発行者――田北浩章
発行所――東洋経済新報社
〒103-8345　東京都中央区日本橋本石町 1-2-1
電話＝東洋経済コールセンター　03(6386)1040
https://toyokeizai.net/

ブックデザイン……成宮　成（dig）
イラスト……………岡田　丈
ＤＴＰ……………キャップス
印刷・製本………丸井工文社
編集担当…………桑原哲也

ISBN 978-4-492-53462-5